体育运动中的
软组织放松与
扳机点释放技术

第2版

［英］简·约翰逊（Jane Johnson） 著

韩艺玲 张霖汐 译

人民邮电出版社

北京

图书在版编目（CIP）数据

体育运动中的软组织放松与扳机点释放技术：第2版/
（英）简·约翰逊（Jane Johnson）著；韩艺玲，张霖汐
译. -- 北京：人民邮电出版社，2022.6
ISBN 978-7-115-58190-7

Ⅰ. ①体… Ⅱ. ①简… ②韩… ③张… Ⅲ. ①软组织
－放松（体育）Ⅳ. ①G808.1

中国版本图书馆CIP数据核字(2022)第037670号

免责声明

本书内容旨在为大众提供有用的信息。所有材料（包括文本、图形和图像）仅供参考，不能替代医疗诊断、建议、治疗或来自专业人士的意见。所有读者在需要医疗或其他专业协助时，均应向专业的医疗保健机构或医生进行咨询。作者和出版商都已尽可能确保本书技术上的准确性以及合理性，并特别声明，不会承担由于使用本出版物中的材料而遭受的任何损伤所直接或间接产生的与个人或团体相关的一切责任、损失或风险。

内 容 提 要

本书系统讲解了软组织放松的原理、技术与实际应用方案，旨在为读者提供一套切实可行的软组织放松方法。本书首先讲解了软组织放松的基础理论，包含适合人群、放松原理、放松益处、扳机点的识别与处理方法等知识，然后介绍了软组织放松的准备工作，并详细讲解了被动软组织放松、主动-辅助软组织放松和主动软组织放松三类技术的实施步骤和适用情况，最后展示了如何针对躯干、下肢和上肢的不同软组织实施放松技术，以及如何制订个性化的软组织放松方案。此外，本书重点介绍了在使用软组织放松技术时避开扳机点，从而减少客户的疼痛感的方法。不论是初学者，还是希望提升自身水平的治疗师，都将从本书中获得益处。

◆ 著　　　　［英］简·约翰逊（Jane Johnson）
　　译　　　　韩艺玲　张霖汐
　　责任编辑　林振英
　　责任印制　马振武

◆ 人民邮电出版社出版发行　　北京市丰台区成寿寺路 11 号
　　邮编　100164　　电子邮件　315@ptpress.com.cn
　　网址　https://www.ptpress.com.cn
　　天津市豪迈印务有限公司印刷

◆ 开本：700×1000　1/16
　　印张：18　　　　　　　　　　2022 年 6 月第 1 版
　　字数：362 千字　　　　　　　2022 年 6 月天津第 1 次印刷
　　著作权合同登记号　图字：01-2019-3802 号

定价：149.80 元

读者服务热线：(010)81055296　印装质量热线：(010)81055316
反盗版热线：(010)81055315
广告经营许可证：京东市监广登字 20170147 号

谨以此书献给我的儿子杰克·约翰逊（Jake Johnson）。在本书第 1 版出版时，小家伙只有 10 岁，而现在已经是个 19 岁的小伙子了。我是一个普通的妈妈，悉心照顾孩子使其茁壮成长，而因为有了他，我生命中的每一天都非常精彩，让我非常感动。

目　录

第2部分　软组织放松技术

第3部分　实施软组织放松

第8章　上肢软组织放松　　　　　　　　　　　　　　　　　　　　　　　　　**199**

第4部分   软组织放松方案

第9章   制订软组织放松方案   235

丛书序

*H*ands-On Guides for Therapists 系列丛书面向广大按摩治疗师，目的是为其提供最好的临床和教育资源。目前，按摩治疗师的人数不断增加，但能够指导他们学习和使用按摩技术的教材却是凤毛麟角。针对这一不断增长的市场需求，本系列丛书首批出版了 *Soft Tissue Release*、*Deep Tissue Massage* 和 *Sports Massage* 三本书。它们的出版受到了读者的欢迎，于是 *Therapeutic Stretching* 和 *Myofascial Release* 两本书也相继问世。随着其他学科的专业人士开始使用本系列丛书，并且给予了很高的评价，本系列丛书又增加了 *Postural Assessment* 和 *Postural Correction* 两本书。本系列丛书不仅受到了按摩治疗师的青睐，被用于辅助他们研习理疗、正骨和脊椎治疗等专业技术，而且对物理治疗师、健美教练、瑜伽教练和普拉提教练等也很有帮助。

Hands-On Guides for Therapists 系列丛书的核心目的是为按摩治疗师等工作人员提供一套切实可行的技术评估和使用方案。这套书中每一本都以循序渐进的方式对一项技术进行深入浅出地讲解，通篇以彩色照片来展示按摩技巧，更方便读者理解。作者根据多年的经验，向读者介绍一些技巧和秘诀或提供一些"小贴士"，让治疗师可以调整他们的技术，并且让这些技术不断得到完善。书中"治疗经验"小栏目提供了很多实例，读者可以通过这些实例，了解如何利用学到的技术，解决客户特殊的身体问题。每章末尾的习题，能够帮助读者进行自我检测，了解自己对知识和技能的掌握情况；也可以为读者应对行业内的资格考试提供帮助。同时本书还附有参考答案。

本系列丛书已经作为教材应用到相关课程教学中。据选用教材授课的教师反映，丛书对课堂教学有非常明显的辅助作用。

前 言

为了帮助治疗师提高其软组织治疗技术，本书第1版 *Soft Tissue Release* 于2009年撰写完成并出版。当时，本书作为独立版本的教材面向读者，循序渐进的细致讲解、大量照片辅助说明，增强了本书的实用性。本书不仅被用作软组织放松（Soft Tissue Release，STR）课程培训班的教材，为治疗师短期学习提供了很大的帮助，而且被纳入长期学习的相关课程之中，如运动按摩疗法课程就将本书列入其课程组成模块应用到教学中。那些已经参加过该技术培训的治疗师均认为本书具有很高的参考价值。因为这种形式的技术可以隔着衣服实施操作，所以健美教练、健身教练、运动治疗师、理疗师、正骨师、脊椎治疗师等人员也在学习本书讲解的技术，以解决实际工作中遇到的问题。

本书的第2版以原版为基础，增加了新的文本、照片、插图和表格。本书新增的一个重要内容就是如何在使用软组织放松技术时尽量避开扳机点，从而减少客户的疼痛感。

第1部分的第1章对关于软组织放松技术的常见问题进行了解等，包括如何使用该技术，谁会从中受益，应在何时、何地使用，以及这项技术的益处等。这章有两部分新内容：一部分新内容是描述如何在使用软组织放松技术时尽量避开扳机点，减少患者的疼痛感；另一部分新内容是关于拉伸主题的前沿研究。关于减少疼痛的一节描述了什么是扳机点，为什么要治疗扳机点，如何识别及避开扳机点。为了讲清楚这些问题，本书在被动软组织放松技术的讲解步骤中增加了8张照片进行辅助说明。

第2章是关于软组织放松的准备工作。这章提供了新的照片并补充说明了锁定组织位置的方法。这章新增了视觉模拟疼痛量表（Visual Analogue Scale，VAS）插图进行说明，再加上关于肌肉长度测试的照片，读者就可以利用这章的内容对治疗技术的有效性进行衡量和评估。

第2部分包括第3、第4和第5章。这3章分别对不同类别的软组织放松技术进行了详细说明：被动软组织放松、主动–辅助软组织放松和主动软组织放松。在这3章中，每一章增加了3部分新内容：如何锁定位置、如何收紧松弛的皮肤及如何找到施压方向。为了说明这些问题，大部分文中出现的照片中添加了箭头，让读者能够清楚地看到应该从扳机点的哪个方向用力，来完成皮下软组织放松。第3、第4和第5章都有一节关于如何使用软组织放松技术来缓解扳机点引发的不适症状。

此外，第3、第4和第5章都增加了一个一览表，为读者展示本章涉及技术的缩略图，便于读者快速检索本章内容。同时，在这3章的末尾都增加了一节新内容，即如何熟练使用本章所讲的特定类型的软组织放松技术。

第3章新增了照片和插图，此外还新增了一个小节，描述了如何应用被动软组织放松技术解决肩内收肌的问题。

第4章除了新增照片和插图外，还新增了一张表格，以告诉读者哪些肌肉需要从自然状态开始治疗，哪些肌肉需要从收紧状态开始治疗。本章新增的一个小节描述了如何将主动-辅助软组织放松技术与按摩油按摩相结合，并介绍了这一技术的新形式——滑动软组织放松技术。本章新增了运用主动-辅助软组织放松技术解决髂胫束（Iliotibial Band，ITB）、冈下肌、肱二头肌和肱三头肌问题的方案。

第5章新增的小节、照片和插图，描述了如何运用主动软组织放松技术解决臀肌、斜方肌、斜角肌、菱形肌和胸肌问题。

第3部分分为3章，每一章重点介绍软组织放松技术在身体不同部位的应用。第6章介绍软组织放松技术在躯干肌肉方面的应用，包括菱形肌、胸大肌和胸小肌、肩胛提肌、斜方肌、竖脊肌和斜角肌。第7章介绍软组织放松技术在下肢肌肉方面的应用，包括腘绳肌、小腿肌群、足部、股四头肌、胫骨前肌、腓骨肌、髂胫束/股外侧肌和髂肌。第8章重点介绍软组织放松技术在上肢肌肉方面的应用，包括肱三头肌、肱二头肌、肩内收肌、冈下肌、手腕及指伸肌、手腕及指屈肌。这3章新增了提到的每块肌肉的插图，标明了常见的扳机点的位置并进行了说明，以帮助读者在实施软组织放松技术的时候避开扳机点。避开肌群中特定的扳机点的有关讲解贯穿始终。照片上标注的箭头告诉读者在实施软组织放松技术之初，应该朝哪个方向用力，同时部分治疗技术新增了替代治疗位置。

第6章为躯干软组织放松。这章通过新增照片和解剖插图进行了改进；而且增加了运用主动-辅助软组织放松技术解决菱形肌和胸肌问题，以及运用主动软组织放松技术解决斜方肌、胸肌和斜角肌问题等内容。

第7章为下肢软组织放松。这章增加了照片、解剖插图，以及关于臀肌被动软组织放松、臀肌主动软组织放松和髂胫束主动-辅助软组织放松的内容。

第8章为上肢软组织放松。这章新增了照片、解剖插图，以及关于肩内收肌的被动软组织放松和冈下肌的主动-辅助软组织放松的内容。

最后，第4部分涉及的内容包括治疗经验和个性化软组织放松术的实施。本章增加了两个新的研究案例，重点介绍使用软组织放松技术时避开扳机点，以减少客户疼痛的问题。

总之，本书包含以下新增内容。

- 153张新照片。
- 21幅解剖插图。

- 为读者展示更多清晰示例作为线索，以便于定位。
- 用箭头在照片上标注实施软组织放松时，施加压力的方向。
- 描述治疗位置变化的照片和文本。
- 关于拉伸的研究现状。
- 使用软组织放松技术时避开扳机点的内容。
- 21块肌肉中常见的扳机点位置的插图。
- 更多贯穿全文的有关提示技巧的"小贴士"。
- 第3至第5章的一览表（能够显示章节中描述的所有技术的位置和缩略图）。
- 第3至第5章每章新增介绍如何熟练使用特定类别的软组织放松技术的内容。
- 应用被动软组织放松技术解决肩内收肌问题的内容。
- 应用主动－辅助软组织放松技术解决髂胫束、冈下肌、肱二头肌和肱三头肌问题的内容。
- 应用主动软组织放松技术解决臀肌、斜方肌、斜角肌、菱形肌和胸肌问题的内容。

致 谢

非常感谢人体运动出版社的每一位工作人员，因为他们的努力这本书才得以顺利出版。也要感谢所有领导、编辑、设计师、艺术家、校对工作人员和摄影师为本书所做出的贡献，作为本书的作者，我很荣幸成为这个团队的一员。

软组织放松技术入门指南

本书的第1部分为你提供了成功入门软组织放松这一技术所必需的知识。

第1章将向你介绍软组织放松技术适用的客户类型，该技术的工作原理、可操作的环境、益处。在这里，你还可以了解有关扳机点的定义，以及如何避开扳机点实施软组织放松技术的方法。软组织放松是一种拉伸技术，本章最后针对这一主题阐述了部分研究成果。第2章介绍了如何实施软组织放松技术，以及辅助工具的使用说明，还介绍了客户沟通的重要性、简单的安全要点及3种软组织放松技术应用的简要说明。本章还介绍了衡量软组织放松技术有效性的方法，以及常见问题的解决技巧，以上内容均有助于你阅读本书。在每一章末尾都有一些简短的问题，通过回答这些问题，你可以检测自己对所学内容的掌握情况。

软组织放松技术简介

　　软组织放松是一种先进的按摩技术，广泛用于软组织评估和拉伸。软组织包括肌纤维、肌腱，以及围绕和嵌入肌纤维和肌腱的深层、浅层筋膜。拉伸通常可以减轻因肌张力过高造成的疼痛，同时调整身体，使其活动自如。然而，与广义的拉伸不同，软组织放松针对的是肌张力过高的部位。它还可以针对某一组活动受限的肌肉（如腓骨肌群），或者一组肌肉中的某一块进行拉伸，而这组肌肉通常是肌群（如股四头肌的股外侧肌）。有研究表明该技术对某些疾病的治疗效果非常明显，如肱骨内/外上髁炎和足底筋膜炎，其作用原理可能是通过刺激软组织，让软组织完成自我修复。

　　拉伸的形式多种多样，与传统的拉伸不同，软组织放松技术能够在拉伸过程中对部分肌肉施加压力。在这方面，它类似于泰式瑜伽古法按摩。但与之不同的是，它不针对特定的穴位，也不沿着特定的经络操作。实施软组织放松技术时，通常会施加压力（用于一般性拉伸），更常见的是施加压力于软组织的特定部位，而治疗师和患者都能感觉到这个部位的软组织处于紧张状态，无论这一部位是否恰好落在特定穴位或经络上。本书是笔者根据多年的临床实践经验编撰而成的，在软组织放松拉伸领域需要进行更多的科学研究。一般认为拉伸运动有益于身体健康，美国运动医学会（2018）建议每周进行2～3次拉伸运动，每次拉伸保持10~30秒，每个肌群重复2~4次，包括颈、肩、下腰背、胸部、髋关节、大腿前部和后部肌肉，以及踝关节。因为目前还没有将软组织放松作为一种拉伸技术进行研究，也就不能确定上述原则是否也适用于软组织放松。软组织放松几乎总是被视为按摩的一部分，这里所说的按摩是依据锁定拉伸法对软组织进行抚慰和拉伸的技术；因此，客户和治疗师反馈的软组织放松技术的效果很可能是拉伸和按摩共同作用的结果。软组织放松作为实施治疗技术的一部分对总体治疗效果的贡献仍不能准确衡量。

软组织放松技术的用途之一是辅助减轻肌肉的紧张感。因此，当客户表示肌肉紧张或僵硬时，可选择软组织放松技术来帮助客户缓解症状。然而，斯坦顿等人（Stanton et al.，2017）的一项研究发现，与没有脊柱僵硬感的受试者相比，表示有脊柱僵硬感的受试者在受试过程中，脊柱受压弯曲程度（机械僵硬）并未变小。其原因尚不清楚，但作者认为表示有脊柱僵硬感的受试者高估了对脊柱施加的压力，并且对压力的变化更加敏感。此结论来自一个很有趣的实验：受试者在承受相同的压力时，会听到不同的声音，一种声音是物体快速飞过时发出的"呜呜"声，另一种声音是物体承受重压时的嘎吱作响声。有趣的是，在实验中，受试者根据听到的声音判断自己承受的压力是不同的，于是给予了不同的力量反抗。这样就出现了下面的实验结果：当受试者听到物体快速飞过的"呜呜"声时，感觉受到的压力较小；而当听到嘎吱作响的声音时，他们就会觉得自己承受的压力更大。于是作者得出结论，僵硬的感觉与实际生物力学中的僵硬感无关，可能只是身体的一种保护性反应。依此类推，提出了如下问题：所谓紧绷的肌肉是否真的紧绷？与那些觉得自己肌肉不紧绷的人相比，那些表示肌肉紧绷的人的脊柱受压弯曲程度是否减少？如果你曾经治疗过专业舞蹈演员，就会知道他们的关节受压弯曲程度比一般人大，但他们仍然经常抱怨自己感觉肌肉紧绷。这是否意味着我们不应该帮助那些背部僵硬或股四头肌紧绷的人进行拉伸（因为拉伸并没有缓解他们僵硬或紧绷的感觉）？答案当然是否定的。所有形式的拉伸，包括软组织放松技术，都需要根据即时的研究进行测评。你应该提前确定如何衡量治疗效果，以便你和你的客户能够在治疗之后确定其是否奏效。拉伸的科学原理是复杂的。在制定明确的协议之前，对不同的客户来说，不同形式的拉伸都是有效的。

哪些人应该进行软组织放松

软组织放松对任何人来说都是有益处的，对以下人群作用尤其明显。

■ 参加运动的人。那些定期进行拉伸训练的人将受益于软组织放松技术。在赛事即将来临、所剩时间不多时，软组织放松技术可以帮助运动员放松、快速缓解某一部分肌肉组织的紧张感。在没有赛事时，软组织放松技术可以作为一种评估手段来识别肌肉组织的紧张程度，而这些肌肉组织的状况可能在赛事中影响运动员的表现。

■ 肌肉、骨骼发生损伤且正处在恢复期的人。受伤人群的软组织因长期不活动导致软组织萎缩或肌力下降。正确使用软组织放松技术能够帮助紧绷的软组织恢复柔韧性，可以帮助患者康复，使其关节活动自如。已经证实，主动拉伸有助于受损组织的胶原纤维恢复到正常水平。

■ 长时间保持某种姿势的人。例如，长期保持坐姿的上班族和司机，由于肩颈部肌张力增加，常会出现疼痛。软组织放松技术可以缓解由于长期久坐而出现的肩颈疼痛。

■ 患有肱骨外上髁炎、肱骨内上髁炎或足底筋膜炎的人。软组织放松技术也可以用于胫骨固定和腘绳肌紧张的辅助治疗。此外，对胸肌实施软组织放松技术有助于改善驼背问题。

■ 肌肉紧张或身上有旧伤的人。软组织放松为治疗师提供了一种额外的按摩治疗手段，帮助患者拉伸和修复瘢痕组织。

■ 软组织有明显疼痛，扳机点需要治疗的人（局部肌纤维被认为处于不健康的收缩状态并伴有触痛）。

软组织放松的原理

图1.1 到图1.3 展示了当拉力作用于肌肉时，肌肉发生的变化。治疗师拿着两条绑在一起的阻力带，一条是红色的，另一条是黑色的。红色阻力带弹性极大，黑色阻力带的弹性较小。红色阻力带代表正常、健康的肌肉组织，黑色阻力带代表紧绷的肌肉组织。这两条阻力带绑在一起代表了一块完整的肌肉。先看图1.1，当治疗师右手用力向外拉伸阻力带时发生了什么？拉伸的是肌肉的哪一部分，柔软、健康的（红色）部分还是僵硬、绷紧的（黑色）部分？显然，拉伸最多的是柔软、健康的（红色）部分。

图1.1　注意哪条阻力带被位伸开

再看图1.2，当治疗师将左手向外拉伸时会发生什么？哪一部分肌肉拉伸最多，是柔软、健康的（红色）部分还是僵硬、绷紧的（黑色）部分？同样，还是柔软、健康的部分拉伸程度最大。

最后，注意治疗师左右两只手分别向身体两侧伸展，且伸展长度相等时会发生什么（图1.3）。

图1.2　现在又是哪条阻力带被拉伸开

从这些图中可以看出，不管从肌肉的哪一端进行拉伸，其柔软、健康的部分（红色阻力带）的拉伸程度总是最大。要拉伸肌肉柔韧性较差的部分，就需要将拉伸力局限于僵硬、绷紧的部位。这正是软组织放松技术可以做到的。

为了将拉伸力局限在单块肌肉的某部分上，我们需要在肌肉原有结构

图1.3 即使是等距离拉伸，仍然是较柔软的阻力带被拉伸开

上创建假的肌肉起止点以"固定"肌肉的某部分。这种"固定"在本书中统称为"锁定"，这种"锁定"可以阻止肌肉的某些部分发生移动。治疗师使用自己的上肢或按摩工具进行操作时，"锁定"的作用就显现出来了。当肌肉被拉伸时，肌肉的起止点彼此远离；也就是说，起止点之间的组织得到了拉伸。创建假的起止点可以把拉伸的作用力集中在肌肉局部的紧张位置。

图1.4a是比目鱼肌的示意图。比目鱼肌起源于胫骨后端，止于跟骨后侧。当人呈俯卧位时，足部处于自然跖屈状态（图1.4b）。如果向上抬脚趾（背屈脚和脚踝），会拉伸小腿肌群（也就是足底屈肌）。因此，背屈是全面拉伸比目鱼肌的一种方式，当然，这种拉伸也可以通过被动方式实现，如图1.4c所示。

图1.5a所示为比目鱼肌的锁定点和拉伸范围，想象将肌肉横向完全锁定在胫骨的实际起点稍微靠下的地方（锁定点A，图1.5b）。现在如果脚和踝做背屈拉伸（图1.5c），是不是只有那些从新起点（锁定点A）到跟骨的肌肉才会有拉伸感？如果我们此时做同样幅度的背屈动作，是不是拉伸力更集中于锁定位置以下的肌纤维？答案是肯定的，这是因为锁定点A上方的少量肌肉组织此时没有被拉伸。

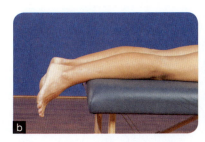

图1.4（a）比目鱼肌；（b）俯卧位踝关节自然跖屈；（c）小腿肌肉被动拉伸

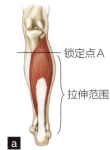

图1.5（a）将比目鱼肌锁定在离实际起点略低的地方（锁定点A）；（b）应用锁定点；（c）进行拉伸

现在请看图 1.6a。想象在离胫骨末端稍近的位置（锁定点 B）有一个肌肉起点，将肌肉稳固锁定在底层结构上（图 1.6b）。现在让脚踝做关节背屈（图 1.6c），作用在跟骨端肌肉的拉伸力明显比在锁定点 A 时大一些。

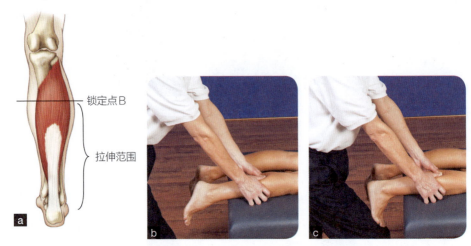

图 1.6　（a）将比目鱼肌锁定在距离胫骨末端稍近处（锁定点 B）；（b）应用锁定点；（c）进行拉伸

最后，你可以选择第 3 个肌肉起点（锁定点 C），它距离胫骨末端更远（图 1.7a 和图 1.7b）。此时，当足和踝关节背屈时，只有比目鱼肌的最末端部分的一小段肌肉得到拉伸（图 1.7c）。

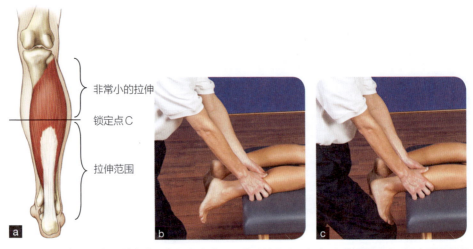

图 1.7　（a）将比目鱼肌锁定在距离胫骨末端更近处（锁定点 C）；（b）应用锁定点；（c）进行拉伸

　　实际上完全横向锁定肌肉不太实际，我们也不建议这么做，不过，这正是软组织放松发挥其独特作用的原理所在。除横向完全锁定整块肌肉，还有另外一种锁定办法。以图1.8中的肱二头肌为例，每次伸肘时，每个锁定点以下区域的肌纤维都要承受更强的作用力。要理解这种特殊拉伸的概念，可以把肌纤维想象成吉他的弦。类似于之前的比目鱼肌的例子，用手指覆盖所有琴弦和把手指放在一根琴弦上相比是明显不同的，把手指放在所有琴弦上就好比用肘部锁定肱二头肌。开始时，在所有琴弦上施加同样的作用力非常困难，你可以将手指的指尖和指腹放在一根琴弦上。此时只有这一根琴弦受到外力作用，并且这种作用力比较大。如果你用多根手指按压所有琴弦，此时所有琴弦都受到外力作用，不过，相较而言，此时作用力就不会那么大。

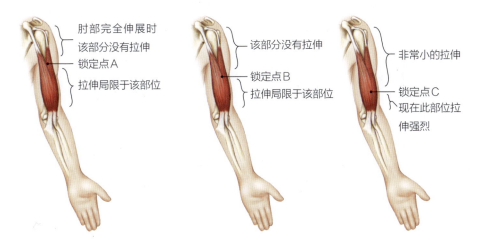

图1.8　运用特殊锁定时，每次伸展手肘，每个锁定点以下区域的肌纤维都承受更大的拉伸力

适合实施软组织放松技术的环境

软组织放松在任何地方都可以实施。进行软组织放松时可以身着轻薄的衣服或披上毛巾，可以呈仰卧、俯卧或坐姿。

■ 办公室。办公室工作人员在计算机或其他办公设备前工作时，可以对腕关节和指伸/屈肌做主动软组织放松，放松效果非常好。

■ 坐着。坐着的时候可以用锥形球或足底按摩筒对足底做软组织放松，还可以对腘绳肌做主动软组织放松。客户呈坐姿时，治疗师对其肩胛提肌和上斜方肌进行软组织放松非常方便。

■ 公园。可以在公园里，或者跑道旁边，对腘绳肌和胫骨前肌做软组织放松。

■ 网球场。比赛结束后，对手腕和指伸肌做软组织放松可以暂时缓解肱骨外上髁炎（网球肘）带来的不适感。

■ 高尔夫球场。软组织放松可以暂时缓解肱骨内上髁炎（高尔夫球肘）带来的不适感。

■ 游泳池旁。治疗师可以用毛巾让客户保暖并对其主要肌群做软组织放松。

■ 诊疗室。软组织放松可以作为住院按摩治疗的一部分，或者作为一个独立、完整的治疗单元。对敏感部位（如髂肌）做软组织放松时，通过交谈转移客户的注意力非常关键，因为软组织放松要求按摩对象的身体和精神都非常放松，这样才能让按摩达到最佳效果。

■ 在家。大多数人都可以用简单的辅助工具轻轻锁定软组织，在家里进行拉伸。

何时进行软组织放松

软组织放松可以在治疗前后或治疗过程中做，软组织放松本身也是一种治疗过程。在温度较高的情况下软组织更有弹性，如果身体温度较高，大多数拉伸动作的效果会更好。不过，即使在身体温度较低时做软组织放松，也同样可以增加组织的关节活动度。软组织放松是一种极其安全的身体拉伸方式，只要动作缓慢、可控，就不会对身体造成伤害。

拉伸会降低肌张力，因此在赛前进行拉伸应谨慎。一般的拉伸可以增加关节活动度，但要注意不要过度拉伸肌肉。在赛事即将开始前，利用软组织放松技术拉伸肌张力高或局部痉挛的软组织，对在比赛中发挥自身水平非常有帮助。

在赛前热身阶段做软组织放松时，应注意拉伸幅度不要太大。过度拉伸容易导致软组织出现微创，因此，实施软组织放松的保守方法是将它作为评估工具，较深层的拉伸可以作为按摩保养的一部分。剧烈运动或训练后，由于体内缓解肌肉酸痛的激素水平上升，因此，客户对压力的感觉不敏感，对于治疗师的力度无法给出准确反馈，同样容易受伤。无论是赛前还是赛后通过做软组织放松来克服软组织收缩或维持肌肉长度，都应该把它作为其他治疗的辅助治疗方式。软组织放松用在训练项目中或作为身体康复训练的一部分时，可以采用一种层次更深、强度更大的拉伸形式。

总之，无论出于何种理由，只要是用得上的地方，就可以实施软组织放松。理由很简单，可以是客户喜欢做软组织放松的感觉，也可以是治疗师发现客户身上有肌张力较高的组织需要按摩。一般同一个客户没有必要每天都做软组织放松，除非这名客户正在为即将来临的赛事做准备或处于赛事进行期间。对同一块肌肉，可以每周做1次软组织放松，也可以每周做2~3次。根据自己身体的感觉来判断拉伸部位是否被过度拉伸。在一个疗程中，一般对一块肌肉进行2~3次拉伸可以显著提高其柔韧性。

软组织放松的益处

进行软组织放松的原因多种多样，最常见的原因在于它可以拉伸软组织。软组织放松可以改善组织的柔韧性和身体姿势、缓解肌张力过高导致的疼痛、降低关节的压力，还有助于维持和增加关节活动度，治疗师结合自身经验进行触诊，可以评估软组织的紧张程度。很多人很享受做软组织放松的过程，乐于把软组织放松加到常规的按摩中。软组织放松也为治疗师的常规按摩增加了多样性。当客户需要拉伸肌肉但自己的关节无法完成全范围的活动时，便是软组织放松发挥作用的时候。例如，客户膝关节动了手术之后，应鼓励他做膝关节屈曲和伸展来维持膝关节和周围软组织的灵活性。人们相信运动可以加快身体外伤的恢复速度，但也经常因为疼痛或肿胀问题导致活动受限。

治疗经验

有一个整条腿都打了石膏的客户，我通过实施软组织放松技术帮助他拉伸股四头肌。由于客户膝关节的关节囊很紧，他的膝关节无法进行全范围的屈曲。于是刚开始的时候，我通过很小的关节活动度，结合软组织放松和按摩，小心翼翼地刺激他的股四头肌。在把他的腿放低的时候，由于他的股四头肌没有力气，我需要用力抓住客户的腿，帮助他完成伸展。我发现对于治疗师来说，对股四头肌进行被动软组织放松是一件非常耗体力的事情，每次都让我筋疲力尽，同时还要注意不要拉伤自己的背部。

术后选择恰当的时机进行软组织放松，可以在关节不完全打开时对软组织进行拉伸。例如，可以在客户只能屈膝90°的时候对腘绳肌进行软组织放松。在康复过程中，用软组织放松来小范围提高关节活动度，对于促进康复甚好。

软组织放松和扳机点

肌筋膜扳机点是骨骼肌肉内特定的点，它可能会导致肌肉紧张，而且按压时可能导致客户感到不适或疼痛；这种疼痛通常具有一定的特征，而且可以通过一定的治疗消除。西蒙斯、特拉维尔和西蒙斯（Simons, Travell and Simons,1999）将其描述为"与肌肉紧绷带中可触及的敏感度较高的结节相关的骨骼肌过敏斑"，利昂沙塔（Leon Chaitow，2000）将其描述为"深压痛和抵抗力增加的局部区域"，用手指按压这样的扳机点通常会引起抽搐和肌束震颤"。尽管科学界对扳机点的存在仍有争议，但治疗师普遍认为能够通过触诊识别扳机点。据称按摩和其他治疗方式，如干针疗法、麻醉剂注射和低温拉伸，能够缓解这些点的过敏症状，同时也能减轻这些点给客户带来的疼痛。按摩和拉伸都可以降低扳机点的活跃性。软组织放松技术结合了这些疗法，因此是一种有效的治疗方式。本书将为应用软组织放松技术治疗扳机点提供指导，并通过插图展示躯干（第6章）、下肢（第7章）和上肢（第8章）肌肉中常见的扳机点，为读者正确定位扳机点提供帮助。

为什么要治疗扳机点

扳机点会引发很多疾病问题，具体如下。

- 肌肉紧张、无力。
- 肌力下降。
- 关节僵硬。
- 关节疼痛。
- 肌肉疼痛。

扳机点还会引发头痛、视力障碍、头晕和鼻窦炎等（Davies,2004）。

如何识别扳机点

扳机点会发出可以被测量的信号。在临床上，它们很容易被检测到，因为它们位于肌肉内部，用力按压时会感到疼痛，并且治疗师可以通过其特有的疼痛方式找到它们的具体位置。

如果用手指，尤其是拇指用力推一块含有扳机点的肌肉，就可以感觉到它是一小块硬硬的豌豆状区域，而此时客户的反应也会告诉你，扳机点就在这里了。这个部位的肌肉摸起来更硬、更耐压，也可能比其他部位肌肉的温度略高。当按压时，组织内部会产生跳动；也就是说，当按压它们时，它们会产生一种特有的抽动。扳机点的另一个有趣特征是它们可能是潜在的或活跃的。西蒙斯、特拉维尔和西蒙斯（Simons，Travell and Simons，1999）将潜在扳机点描述为"自发性疼痛的临床静止"，这意味着这些点只有在被按压时才会疼痛。相比之下，活跃扳机点"总是有触痛感"，并产生牵扯痛。这两种形式的扳机点都有一个共同点就是都有很紧的牵扯感，这种牵扯感会限制关节的活动范围。

如何处理扳机点

轻压扳机点可减轻疼痛，方法有很多种。戴维斯（Davies,2004）建议每天推拿穴位6 ~ 12次。这个建议适合选择自己在家治疗的客户，但对于治疗师来说，有些不切实际。因此，治疗师可以利用软组织放松技术，应用以下方法为客户缓解或减轻扳机点的痛感。

1. 确定扳机点位置。通过触诊和客户的感受来获得反馈。

2. 遵循被动或被动–辅助软组织放松技术应用指南，尽可能通过软组织放松技术帮助客户放松缩短肌肉区域的扳机点。

3. 轻轻按压。标着0 ~ 10级的量表上，10级代表最剧烈的疼痛，0级代表没有疼痛。轻按客户的相应部位，以了解不同力度的按压给客户带来的疼痛程度。虽然许多治疗师选择在客户感受到7级疼痛时治疗扳机点，但笔者建议在客户感到5级疼痛时展开治疗。这样做的原因有两点。首先，利用软组织放松技术对具体的肌肉进行拉伸时，肌张力和疼痛程度会随之增加。其次，疼痛加剧会引起客户的肌肉出现保护性收紧，这对减轻扳机点引起的痛感会起到反作用。

4. 遵照指南对需要治疗的肌肉组织实施软组织放松技术（不同位置的软组织放松技术参见本书第6、第7和第8章），首先使用软组织放松技术轻轻拉伸肌肉，然后通过按摩舒缓该部位。

5. 重新定位扳机点，轻轻地按压，并随时与客户沟通，以了解客户在软组织放松技术实施前后受到相同的压力时，感受到的疼痛级别是否相同。如果软组织放松技术的实施是成功的，在接受相同力度的按压时，客户应该觉得比实施之前的疼痛感有所减轻。如果客户反应疼痛感没能得到明显缓解，治疗师可以再次实施该技术。通常情况下，放松扳机点会增加关节的活动度和增强肌肉的柔韧性。

结束语

我们已经知道软组织放松技术主要针对肌张力较高的部位进行放松。它的作用是拉伸软组织，包括肌纤维、肌腱和筋膜。对于绝大多数人来说，软组织放松技术是安全和有效的。现在，我们对软组织放松的概念、作用与原理、适用人群、实施位置和时间都有了基本的了解。接下来，我们将学习各种锁定肌肉的方法及结合工具进行按摩的方法。此外，我们还会学到很多有效的软组织放松手法及评估手法有效性的技巧。

小问题

1. 软组织放松技术与一般的拉伸有什么不同？
2. 列举3个锁定肌肉的方法。
3. 锁定肌肉的时候，应该从肌肉近端还是远端开始？
4. 为什么软组织放松技术在赛前要谨慎使用？
5. 为什么赛后要避免进行深层的软组织放松？
6. 举例说明3种由扳机点引发的有关肌肉问题的疾病。
7. 举例说明两种由扳机点引发的有关关节问题的疾病。

第 2 章

软组织放松准备

本章我们将学习软组织放松的基础知识，包括各种软组织锁定方法及这些方法的优缺点、按摩工具的种类、安全注意事项，以及3种软组织放松方式的综述。这3种方式具体为被动、主动-辅助和主动软组织放松。本章最后，介绍了常见问题及问题解决技巧，还介绍了如何衡量软组织放松的有效性。掌握软组织放松拉伸技巧的学习之旅即将开启。

用自己的身体做软组织放松

实施软组织放松可以不使用任何设备。后面我们会学习利用工具锁定肌肉组织的方法。本节将介绍治疗师如何用上肢实施软组织放松。治疗师可以用自己的前臂锁定客户的肌肉，也可以借助肘关节锁定局部；以此类推，上肢每一个部位都有其不同的用处。有些治疗师会因为过度使用前臂而受伤，但只要你按照本书的建议使用前臂、拳头和肘部，此类问题应该可以轻松避免。

前臂

前臂可用来锁定体积较大的块状肌肉，如小腿肌群（a和b）、腘绳肌（c）、股四头肌（d）和臀肌（e）；也可用于锁定斜方肌（f）上束肌纤维，但是作用于此处时的力度要比作用于下肢时的力度轻些。借助前臂可以完成强有力的、大范围的锁定，这种方式适用于需要全面拉伸和不能忍受局部锁定的客户。这种锁定的操作方式非常简单，与客户肌肉接触的方式也是多种多样的。例如，用前臂锁定股四头肌时，锁定面积较大，而锁定小腿肌群时，锁定面积相对较小。

　　尽管治疗师用前臂锁定相应部位可以产生明显的杠杆作用且更加安全，不过，还是有一些治疗师不愿意用前臂来锁定客户肌肉，他们认为只有用手掌才能评估和感知客户身体的软组织。为了降低过度使用前臂而导致损伤的可能性，应加强使用前臂进行软组织放松练习。用前臂锁定肌肉的缺点在于，其锁定范围比用肘关节锁定的范围针对性差，并且前臂不适合用于锁定小肌群。

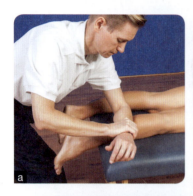
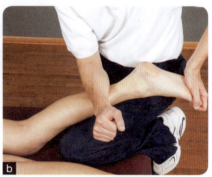

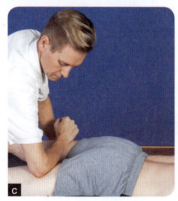
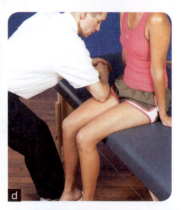

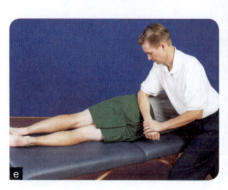
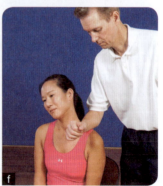

肘部

　　用肘部锁定肌肉时，作用力更大，且作用力能达到更深层的肌肉，可以使拉伸作用仅局限于肌张力较高的部分。肘部适合用于锁定体积较大的块状肌肉，如粗壮有力的小腿肌群（a），尤其适合需要主动拉伸肌肉或者肌张力较高的客户，其肌张力较高可能是瘢痕组织引起的。肘部还适合用于锁定束状肌肉，如肩胛提肌（b），或者由于位置比较特殊而无法用前臂锁定的肌肉，如胫骨前肌（c）和腓骨肌。利用肘部锁定时，将肘部自然放置在客户身上即可，不需要额外用力。只要稍加练习，就可以很容易地感知，用肘部锁定肩胛提肌和斜方肌上束的肌纤维。当治疗师使用拇指或其他手指进行软组织放松，并找到了客户的扳机点时，可以用肘部进行局部锁定来避开扳机点，完成软组织放松。

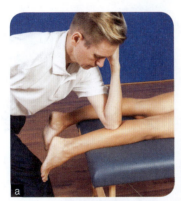
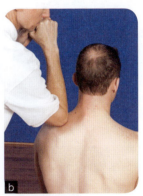
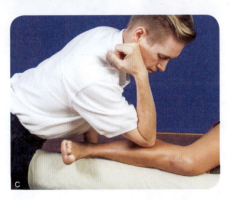

单拳

有时候需要宽泛锁定肌肉，但是肌肉所处位置没有足够的空间供治疗师用前臂或手掌锁定。用单拳锁定肌肉的特点在于，锁定范围比前臂锁定窄，比肘部锁定宽。此时，治疗师可以手握松拳，放在肌肉上，如胸肌（a、b和c）、腘绳肌（d）、肱二头肌（e），当客户呈俯卧位时也可以手握松拳放于胫骨前肌（f）。请注意，当治疗师使用单拳在胸肌上实施软组织放松时，可以要求客户将手臂置于不同的位置来配合自己实施治疗。

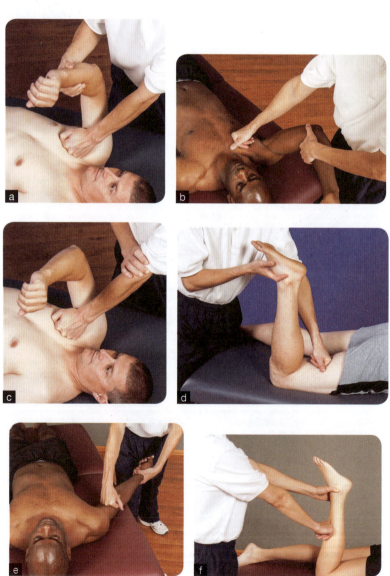

双拳

需要用力按压某一部位时，就可以使用双拳。正如在大腿侧面的髂胫束（a）实施软组织放松的照片所示，双拳就是将一只手握松拳放入另一只手中。当客户呈俯卧位（b）或侧卧位（c）时，治疗师也可以将双手握松拳并排共同作用于肌肉，以略轻的力度锁定肌肉组织。

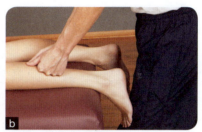
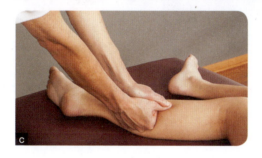

手掌

用手掌锁定肌肉时的接触面比较大，会对治疗师腕关节产生一定的压力，因此使用手掌锁定肌肉时要小心。因为手掌的作用力不会传递至肌肉深层，所以适合用于锁定浅层肌肉。这一软组织放松方式在赛前或赛后的软组织放松中非常有用。例如，当客户呈俯卧位或侧卧位时，可以用手掌锁定背阔肌（a）和腋窝周围的肌肉组织（b）。

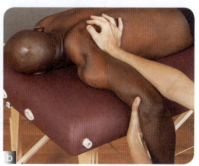

抓握和挤压

有时候，简单地用手握住肌肉也是一种肌肉锁定方式。对于比较小且不需要太大拉伸力度的肱二头肌和肱三头肌（a）来说，抓握锁定的效果是最好的。为了避免抓握时拧伤肌肉，可以在手上抹一些按摩油，或者在锁定部位垫一块洗脸巾或小毛巾。另外一种应用此锁定方法的方式就是在客户呈俯卧位时（b），用双手手掌挤压小腿肌群。

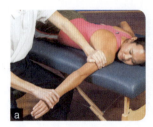

双手拇指固定

双手拇指可以用来锁定特定的肌肉部位，它通常适用于不需要太大力气就能锁定的小块肌肉。用双手拇指在手腕附近锁定腕屈肌（a）、腕伸肌（b）和腓侧肌肉（c）的效果是很好的，也可以使用双手拇指锁定小腿肌群（d），但需要注意的是，小腿肌群比较强壮，所以需要更大力度才能完成锁定。如果发现用双手拇指锁定时你需要不断加大力度，则应该马上改变锁定方式。尝试用前臂或肘部轻轻锁定，而不要冒着损伤指关节的风险继续使用拇指。改变锁定方式后，可能需要让客户的姿势改为坐姿。

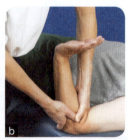

单手拇指

单手拇指锁定仅在需要的锁定力度较小时使用。例如：需要锁定肱二头肌（a）、腕屈肌（b）、腕伸肌（c）时；或者在治疗师需要用肘部锁定肩胛提肌（d）深层肌肉组织之前，可以用拇指按压来辨别肩胛提肌的状况，但只有当这块肌肉比较柔软、所需按压力度较小时，方可使用。当客户处于坐姿时（e），治疗师可以用拇指对其菱形肌进行软组织放松；然而，这样做仅是为了收紧松弛皮肤的时候，可用拇指朝脊柱方向推动皮下组织而不是直接对着菱形肌进行按压。实施这种操作时，让客户保持俯卧的姿势比坐姿效果更好，但坐姿可以用来治疗那些不能保持俯卧姿势的客户，或者在利用软组织放松技术消除扳机点时使用。做按摩治疗时过度使用大拇指，是导致治疗师受伤的常见原因。因此，治疗师应尽可能采用其他锁定方式。

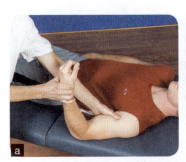
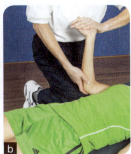
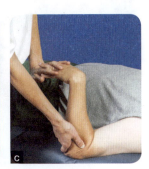
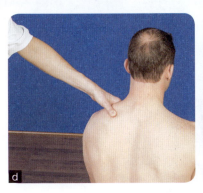

其他手指

除拇指外的其他手指适合用于锁定敏感的软组织，如斜角肌（a），锁定这种组织只需很小的力度，这时可以让客户处于坐姿或仰卧姿势，也可以用其他手指叠加对胸肌上部（b）轻柔地施以软组织放松，这样做是因为客户需要的按摩力度较小，或者胸肌较小。对髂肌做软组织放松时也可用其他手指进行，必要时可以将手指弯曲抠住肌肉组织，也可以将两手手指叠加（c）以增强力度和效果。

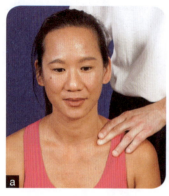
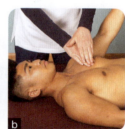

指关节

当客户处于坐姿时，治疗师可以用指关节来锁定竖脊肌，或者代替大拇指锁定其他肌肉。与应用所有形式的软组织放松一样，用指关节做软组织放松时，一定要保持指关节绷直，不要用指关节来回拨动软组织纤维（这种来回按摩是使用了一定的力度的），否则会导致治疗师的指关节受伤。

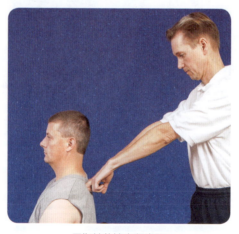

用指关节锁定竖脊肌

用工具做软组织放松

在运用各种疗法为客户服务时，治疗师要注意保护自己，避免受伤。幸运的是，只要遵守一定的指导方针，就可以安全且有效地实施软组织放松。同时，治疗师还可以利用各种各样的工具来帮助自己实施软组织放松。下图展示了一系列用于按摩的辅助工具，其中一些可作为软组织放松的辅助工具。

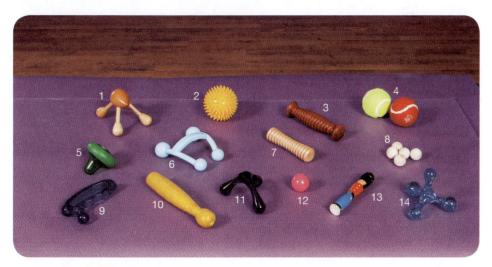

1. 木"老鼠"。
2. 带刺的塑料治疗球。
3. 木制足底按摩筒（凸形）。
4. 网球状小球。
5. 带突起的按摩器。
6. 硬质塑料四角按摩器。
7. 木制足底按摩筒（凹形），也可用来按摩前臂。
8. 木制小球。
9. 凸点节瘤按摩器。
10. 木制小柱。
11. 硬质塑料按摩器。
12. 塑料高弹球（软）。
13. 木制儿童玩具。
14. 塑料四角按摩器。

左图展示的是用凸点节瘤按摩器按摩脚掌。凸点节瘤按摩器用来按摩那些需要进行深层或局部按压的部位效果很好，这个按摩工具也是代替拇指锁定肌肉的不错选择。四角按摩器也有此功能，可以让客户保持仰卧姿势，用四角按摩器按摩足底，如右图所示。

客户保持俯卧位，用凸点节瘤器按摩足底

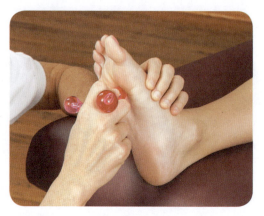

客户保持仰卧位，用四角按摩器按摩足底

带刺的塑料治疗球可以帮助客户处于坐姿时对脚掌实施主动软组织放松。

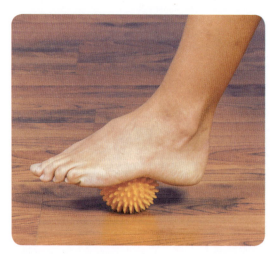

用带刺的塑料治疗球按脚底

网球状小球实际上是小狗的玩具，这种球比常规的网球更不容易变形。网球状小球是对腘绳肌和股四头肌进行主动软组织放松的工具，如下图所示。

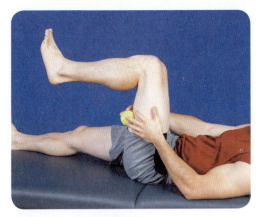

用网球状小球按摩腘绳肌

用网球状小球按摩股四头肌

凸点节瘤按摩器和网球状小球都可用于对斜方肌上束实施主动－辅助软组织放松，如下图所示。

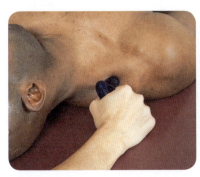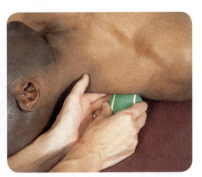

用凸点节瘤按摩器放松斜方肌上束　　　　用网球状小球放松斜方肌上束

其他有用的工具还包括洗脸巾、小毛巾及按摩油。治疗师可以隔着衣服实施软组织放松，不过为了牢牢锁定肌肉，最好去除衣物，在客户的皮肤表面抹上按摩油并盖上一块洗脸巾或小毛巾，然后再进行软组织放松。

与客户沟通

与其他治疗方式一样，实施按摩治疗时也应该对第一次前来就诊的客户进行沟通，通过询问发现客户身体存在的问题，并了解客户预期的治疗效果；详细记录客户的病史及正在服用的所有药物，明确是否有药物与自己的治疗计划相冲突；然后针对需要治疗的身体问题，具体评估客户当前的身体状况。例如：对于脚踝扭伤导致踝关节活动受限的客户，需要检查他的踝关节活动度；对于颈部疼痛的办公室工作人员，则需要为其做一次坐姿上身评估。

当治疗师使用软组织放松技术来帮助避开扳机点时，要实时与客户沟通，从而确定客户能够及时反馈自己的不适感。值得注意的是，治疗师按压客户的扳机点时，客户会感到很不舒服，甚至感到很疼，因此确定这种痛感的级别是非常重要的。回顾第1章，许多治疗师会把"10"作为最剧烈疼痛的级别，而"0"则用来描述毫无痛感。依据"0～10"级疼痛测量表，提醒客户在疼痛感超过5级时给予及时的反馈，以及在开始的时候建议客户不要承受超过5级的疼痛。许多客户喜欢深层次的软组织按摩，他们认为如果肌肉的疼痛和僵硬感最终得到缓解，那么忍受按摩时的不适和疼痛是有好处且值得的。事实上，疼痛不利于放松。在接受软组织放松治疗时，如果客户始终感觉疼痛是不利于治疗的，正如对扳机点进行治疗时，如果客户不能放松，治疗效果也不会很好一样。

沟通结束时，治疗师应确定治疗目标（如缓解疼痛、增加关节活动度、减少运动后引起的肌肉酸痛）。如果条件允许，将治疗目标以书面的形式呈现出来，并让客户过目，确认客户对你的治疗目标没有任何疑问。第9章将详细介绍与客户沟通的一般方法，介绍与客户沟通时的提问方式和身体评估表，以及与之相关的记录文件。

安全注意事项

对于绝大多数客户而言，软组织放松是一种安全且有效的辅助拉伸方式。判断一名客户是否适合或接受软组织放松的方法很简单：如果客户不能接受常规的按摩、拉伸，那这名客户便不适合进行软组织放松。

因为软组织放松需要对客户的软组织施加轻微压力，对那些皮肤容易擦伤或者皮肤较薄的客户进行软组织放松时要特别小心。为关节活动度过大的客户（例如，职业舞者的关节活动度大于常人）提供按摩治疗时，一定要考虑清楚是否对客户的软组织进行拉伸以增加关节活动度。软组织放松不适合于关节活动度过高的人群，因为这么做极有可能导致其软组织被过度拉伸。

大多数客户在第一次被锁定肌肉时感觉不到拉伸感。客户只有在锁定肌肉末端进行拉伸时才能感受到强烈的拉伸感。如果刚好锁定在扳机点处，客户可能会感觉不太舒服。这种不适感可能是"还可以忍受"或是"疼，但是感觉还挺受用"。如果你是一名按摩治疗师，对这类反馈应该习以为常。不过，如果客户表示确实非常不舒服，你应该立刻停止软组织放松，这是因为客户被拉伸的部位可能有未触诊出来的炎症。有一条常规的准则可以判断按摩时的锁定是否适宜：如果锁定后，局部张力感在几分钟之内逐渐消失，则表示可以拉伸该部位的软组织；如果张力感没有如期消失，则应该立刻放手。这种张力感与旧伤区域的张力感明显不同，旧伤区域的软组织张力较高，缺乏弹性，但不会有不舒服的感觉。

虽然并不常见，但确实有一些客户反馈：软组织放松和其他形式的拉伸一样，做完后浑身酸痛。这种酸痛应该是延迟性肌肉酸痛（Delayed Onset Muscle Soreness，DOMS）。为了避免出现延迟性肌肉酸痛，应注意不要过度拉伸局部组织，按摩时应尽量涂抹按摩油。理论上，实施软组织放松有助于新鲜血液流入组织间隙，改善肌肉的血液循环。有些治疗师喜欢提醒客户：极少数情况下软组织放松会引起身体酸痛，并且酸痛感会在12小时之内消失。然而，还有一些治疗师认为这么做非常不明智，因为这会增加客户产生这种酸痛感的可能性。

赛前和赛后不能实施深层软组织放松。赛前实施深层软组织放松可能会削弱肌肉力量并且造成过度放松。赛前进行软组织放松的目的是使客户的身体兴奋并维持关节活动度，但应该采用比较柔和的方式进行。由于比赛时可能会发生组织微创，赛后进行软组织放松会使组织损伤的可能性增加，因此无论赛前还是赛后，都不应该做深层软组织放松。赛后软组织放松一般可以用来减轻身体的肌张力。

治疗师无论做哪种形式的治疗，包括软组织放松，都应该尽量避免使用自己的上肢主动发力，而应该尽可能地将身体重量通过前臂和肘部转移到客户身上，可借助身体重量，或者采用按摩工具代替拇指。拇指和其他手指适用于在更小、更柔软的组织上做更精细的按摩动作。还可以把治疗床降低1～2英寸（2.54～5.08厘米），将身体向客户倾斜，让身体重量转移到被按摩的组织上。很多治疗师采取倾斜身体的姿势，但又害怕伤到客户，往往不把身体重量放到客户身上，而是自己用力维持这种倾斜姿势。这是没有必要的。在开始治疗之前，治疗师脑海里要有一个正确认识：轻柔地将身体倾斜到客户身上，可以牢固地锁定客户的肌肉。在经过认真、细致的练习，熟练掌握各种软组织放松技巧，并将其付诸实践之后，你会渐渐发现软组织放松是一种安全且有效的拉伸软组织的强大工具。

软组织放松的3种方式

软组织放松分为以下3种方式：被动、主动-辅助和主动软组织放松（参见下一页应用3种软组织放松技术治疗腕屈肌的对比示例）。

1. 被动软组织放松。被动软组织放松是指由治疗师锁定并移动客户身体的特定部位以实施拉伸。

2. 主动-辅助软组织放松。这种软组织放松方式要求客户和治疗师共同参与。通常治疗师负责锁定身体组织，客户移动身体特定部位完成拉伸。

3. 主动软组织放松。主动软组织放松，是指客户在没有任何外界辅助的情况下，由自己锁定肌肉并拉伸身体。几乎任何人都可以做主动软组织放松，做主动软组织放松时不需要治疗师在场。

本书涉及不少常见解剖学术语。除非客户自身是治疗师或者专业健身人员，否则对于这些术语可能不是非常理解。因此，在做主动软组织放松时，治疗师需要尝试用不包含专业术语的语言向客户解释清楚拉伸动作。例如，如果你要求客户做脚内翻或外翻、手腕的屈曲或伸展等动作，大多数客户可能都无法领会你的意思。有一个小窍门可以解决这一难题，就是在锁定前做一个动作示范。例如，你需要客户做手腕"上"或"下"的动作，那么你就亲身演示一下这个动作。还有一个小诀窍，应注意避免在同一个疗程中，混合使用几种不同的软组织放松方式。如果疗程开始时，你用的是主动-辅助软组织放松，客户可能会以为治疗时自己始终需要主动参与，那么，当你想做被动软组织放松的时候，客户会习惯性地用力，不能及时放松身体。不过，也有很多客户能够非常快速地了解各种软组织放松的流程，慢慢地表现出自己的倾向，如是喜欢参与到软组织放松中（做主动-辅助软组织放松）还是更喜欢被动接受按摩。

衡量软组织放松的有效性

设定衡量标准非常重要，设定的标准可以用来衡量治疗是否有效。对于软组织放松治疗来说，也需要设定一个有效的衡量标准。下面介绍了衡量软组织放松有效性的几个方法。

■ 询问客户疼痛程度。如果软组织放松是用来缓解由于肌张力过高而导致的不适，衡量其有效性的简单方法就是看客户的反应。无论治疗前是否有剧烈的疼痛、牵拉痛、压痛或隐痛，治疗后大多数客户的症状一般都会好转。大多数治疗师也都习惯于在治疗结束后询问客户感受。

■ 借助视觉模拟疼痛量表。这个量表很简单，就是一条两端写有文字的水平线。治疗师在水平线一端写"无疼痛、僵硬或不适"，另一端写"最剧烈疼痛、僵硬或不适"（图2.1），要求客户在治疗前和治疗后根据自己所感觉的疼痛感，在线上标记疼痛程度。视觉模拟疼痛量表适合用来衡量客户对疼痛或肌张力的主观描述。

以腕屈肌为例对比3种软组织放松方式

被动软组织放松。治疗师让客户的手腕屈曲，锁定腕屈肌的起点，然后伸展客户的腕关节。

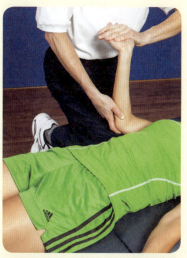

主动-辅助软组织放松。治疗师锁定客户腕屈肌的起点，要求客户主动伸展腕关节。

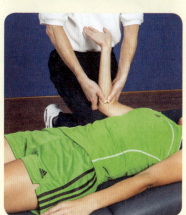

主动软组织放松。客户自己锁定腕屈肌的起点，然后伸展腕关节。

无疼痛、僵
硬或不适

剧烈疼痛、
僵硬或不适

图2.1 视觉模拟疼痛量表

■ 动作和肌肉长度测试。如果软组织放松是用来帮助增加关节活动度，则可以通过动作测试治疗效果，如对腘绳肌进行直腿抬高测试（图2.2）。在对腘绳肌做软组织放松之前和之后都可以进行直腿抬高测试，并记录下髋关节活动度在治疗后有没有增大。有一个很简单的方法可以检测腘绳肌的柔韧性，那就是进行俯卧位膝关节弯曲测试（图2.3）：要求客户俯卧并屈膝，观察客户的脚距离同侧臀部的距离。对腘绳肌进行软组织放松治疗之后，这个距离应该会比治疗前更短。注意，在进行该测试之前，治疗师需确定客户腰背部没有过度前屈问题。

图2.2 直腿抬高测试

图2.3 俯卧位膝关节弯曲测试

■ 坐位体前屈测试。还有一个简单的测试方法可以衡量对腘绳肌实施主动软组织放松的效果。在按摩前，要求客户进行坐位体前屈并触摸脚趾（图2.4），观察其手指与脚趾的距离，并询问客户此时腘绳肌的感觉。对腘绳肌进行5～7分钟软组织放松之后，再次测试，观察此时手指与脚的距离是否变短，并询问客户腘绳肌是不是更放松，是不是没那么紧了？坐位体前屈也可以用来测试背部肌肉的柔韧性，但如果客户患有腰椎外伤则最好不使用该动作进行测试。

图2.4　坐位体前屈测试

常见问题及解决技巧

1. 拉伸结束后，还应该锁定多久？

完成组织拉伸后应立即松开锁定。

2. 锁定的力度控制在多大比较合适？

力度恰好能够锁住肌肉即可。如果锁定方式让客户或者治疗师有不适感，可参阅下一页的解决技巧。

3. 是否应该鼓励客户忍住疼痛继续拉伸？

不应该。软组织放松应该是舒服的。客户应该只有轻微的拉伸感，具体的感觉因不同部位的肌肉而不同。

4. 对同一块肌肉应该实施几次软组织放松？

也许你会发现，对于大块肌肉，如腘绳肌，需要沿肌肉起止点，从肌肉近端到肌肉远端逐步拉伸，才能让整块肌肉得到充分拉伸。这样对每块肌肉进行3次拉伸之后，治疗师和客户一般能够感觉到这部分组织已经被拉伸开。总而言之，应该避免过度拉伸同一个肌群。

有时候你可以在对一块肌肉做了2～3次软组织放松以后，对下一个身体部位进行拉伸，然后再回到上一个实施软组织放松的部位，由客户和治疗师共同确认这部分组织是否已经被拉伸开。

如果看完整本书，你还是无法顺利完成软组织放松，可以尝试以下办法。

■ 如果感觉无法锁定软组织，可以改变锁定方式。是否已经尝试过用手掌心、前臂、肘部或指关节锁定？若还是无法成功锁定肌肉，则可以换一种方法。例如，在拉伸部位抹按摩油，然后盖一条毛巾，治疗师通过吸了按摩油的毛巾可以牢牢地锁定肌肉。

■ 如果客户说锁定的部位不舒服，你可以试着降低力度，或隔着衣服实施，也可以垫块毛巾来分散肌肉受到的压力。另外，要注意确认自己锁定的不是骨骼。第一次对菱形肌做软组织放松时容易犯这类错误——插入肩胛骨的内侧缘。锁定胸肌时，不能垂直插入肋骨。要检查自己有没有握到神经丛上，客户的神经丛受到外力作用时会有酸麻感；同时还要检查自己是否过度拉拽客户的皮肤组织。

■ 如果客户反应没有拉伸感，则试着加大力度。具体方法包括用肘部或前臂锁定客户肌肉，同时向客户身体一侧倾斜。同时，治疗师在拉伸前要确认握住了所有松弛的软组织，还要确认拉伸力的方向是否朝向肢体近端。有很多客户接受被动软组织放松治疗时的拉伸感和拉伸效果都不明显，那么应尝试实施主动软组织放松，看看效果会怎样。

■ 用手指、手掌或拇指锁定肌肉时如果感到手不舒服，可以借助按摩工具。无论何时，始终要记得保护自己的关节。如果采用了按摩工具之后依然感觉不舒服，则应该暂停做软组织放松。

■ 如果做软组织放松时找不到合适的姿势，可以试着改变接触客户身体的方式、升高或降低治疗床高度，也可以调整客户在治疗床或椅子上的姿势。

■ 如果已经尝试了各种方法对某块肌肉进行软组织放松，仍然无法顺利完成，就不要用这种软组织放松方式。

结束语

本章讲述了各种不同锁定方式的优缺点、何时使用按摩工具，以及按摩工具的使用方法，并介绍了使用软组织放松的常见问题、问题解决技巧、安全注意事项、有效性衡量等基础知识。现在，可以开始实践3种不同软组织放松方式了。

小问题

1. 举一个可以用手掌锁定软组织的例子。
2. 说出 3 种不适合做软组织放松的客户。
3. 列出 3 种软组织放松的方式。
4. 在拉伸结束后锁定应该保持多长时间？
5. 列出衡量软组织放松有效性的 3 种方法。

软组织放松技术

本书第2部分主要介绍如何实施3种不同形式的软组织放松技术：被动（第3章）、主动－辅助（第4章）和主动（第5章）软组织放松。第2部分中的3章结构都一样：首先逐步介绍实施软组织放松技术的具体方法，然后详细说明应该锁定的方向、如何将拉伸集中于某一特定区域、压力的方向、收紧松弛的皮肤、将软组织放松与按摩油按摩相结合。第5章还额外增加了一节将主动软组织放松与家庭理疗相结合的内容，而且用大量不同肌肉的软组织放松为例，讲述关键锁定、锁定点移动和站位姿势。本部分用照片来展示每一块肌肉在拉伸开始和结束时的状态，并进行简要说明。由于做软组织放松时治疗师要保证客户和自己的安全，因此每一章都有非常详细的安全说明，介绍在实施某一种类型软组织放松时的安全注意事项，以及时机。每章都介绍了如何高效地利用本章涉及的软组织放松技术治疗扳机点的方法。在每一章的结尾处都提供了一览表，表中以微缩照片的形式展示了实施本章软组织放松技术时涉及的所有部位的肌肉。治疗师在练习软组织放松技术时，可以在一览表上做笔记，标注出哪些肌肉能够很容易找到、哪些部位的软组织放松技术仍有待进一步练习。

实施软组织放松时，应注意有一些肌肉通常是不可以收紧的。因为一旦客户的这些肌肉被收紧，就难以实施锁定。表4.1列出了通常可以收紧和不可以收紧的肌肉。

学习完这几章，读者可以了解3种不同的软组织放松技术的区别，并依据第6章到第8章的内容在身体的不同部位实施软组织放松。

第 3 章

被动软组织放松

本章将介绍实施被动软组织放松的7个简单步骤。为了帮助治疗师更好地学习、掌握被动软组织放松技术，本章用大量照片和简明扼要的内容来说明对不同部位的肌肉做被动软组织放松时关键锁定、锁定点移动和站位姿势等问题，具体内容可参照本章结尾部分的表3.2，该表还能作为治疗师学习本章软组织放松技术时的备忘录。本章还为治疗师提供安全操作指南和被动软组织放松适用情况表（表3.1）。学习本章内容并回答章末的小问题能够帮助治疗师更好地理解和把握本章所讲解的软组织放松技术。

被动软组织放松技术简介

被动软组织放松是一种可以隔着衣服完成的非常好的放松方式，可以作为一个独立的治疗单元，也可以将其整合到整体按摩方案中。实施这种形式的软组织放松时，治疗师应收紧、锁定及拉伸肌肉。整个过程客户始终处于被动，但是客户应及时反馈拉伸强度。

如何实施被动软组织放松

实施被动软组织放松可以参照以下步骤。

1. 找到需要拉伸的肌肉以及肌纤维走向。
2. 确保肌肉处于自然状态。所谓自然状态是指肌肉既没有过度收紧也没有过度拉伸的状态。客户通常需要治疗师的帮助来被动收紧肌肉。

有些肌肉（特别是腘绳肌）收紧时容易痉挛或抽筋，运动后抽筋的可能性更大。

因此，有时候我们可以在实施软组织放松时结合按摩油按摩，在肌肉收紧之前先用按摩油按摩肌肉，降低肌肉收紧时发生痉挛的可能性。

3. 向客户解释清楚拉伸步骤。告诉客户就要为他做拉伸了，保持身体放松即可，特别是即将拉伸的肌肉一定要保持放松。

遇到身体紧绷、不能立刻放松的客户，可以建议他轻轻地甩手、晃动双腿，帮助放松肌肉。

4. 在保持肌肉处于自然状态下，轻轻锁定肌肉以固定纤维组织（各种锁定方法参见第2章）。通常情况下，从距离肌肉起点较近的近端开始锁定。但在锁定不需要从靠近起点的近端开始的肌肉时，可以使用软组织放松技术沿肌肉远端向近端滑动，同时帮助客户活动与肌肉相关的关节。对于此种不太常用但非常有效的治疗方法的详细描述在本章末尾和第4章，以及第7章和第8章中会说明。

小贴士 肌肉起点一般靠近身体中轴线且极少移动。肌肉收缩时，一般是止点向起点靠近。

5. 保持肌肉锁定，同时拉伸肌肉。这意味着治疗师需要移动部分身体使客户的肌肉从缩短状态变为拉长状态。例如，如果屈曲关节可以缩短某一块肌肉，那么伸展关节，就可以拉长该肌肉。

6. 一旦肌肉被拉伸，松开锁定，让肌肉恢复到自然状态。

7. 选择另一个肌肉锁定点，不断由肌肉近端向远端移动锁定点，重复第4~6步，直到锁定点接近远端肌腱。

当你从一块肌肉的近端向远端实施拉伸时，要将拉伸集中在一个特定的区域，锁定点的距离应略近，间隔大约1厘米。一般的拉伸，前后两个锁定点的距离是3~4厘米。

随时观察客户的反应。有些客户没有拉伸感，只觉得肌肉被锁定。如果你的拉伸操作正确，随着锁定点不断向肌肉远端移动，客户的拉伸感应该越来越强烈。如果客户告知被拉伸的区域很疼，应立刻停止拉伸。

锁定的方向

当需要在一块肌肉上实施被动软组织放松时，如何才能确定方向呢？如果需要拉伸的是小腿肌群，是应该从膝关节到脚踝，还是应该从脚踝到膝关节，或者跨过小腿肚上的肌肉进行锁定？

第1章指出，软组织放松作用于肌肉时，应从近端至远端（图3.1a）。这是应用被动软组织放松的简单方法，也是客户感觉舒适的方法。当从近端向远端操作时，客户会逐渐感到拉伸的力度越来越大，除非恰好锁定在扳机点上。如果从远端开始（图3.1b），拉伸感将非常剧烈，依循此方向操作时，很难将软组织放松实施下去，并且客户可能会感到非常不舒服。本章还将介绍被动软组织放松的一个衍生类型，即滑动软组织放松。令人惊讶的是，当使用滑动软组织放松时，从远端到近端的操作就变得非常容易了（图3.1c）。滑动软组织放松能产生这样的效果，是因为它不涉及那一系列的单一的、可区分的锁定点，而是借助按摩介质以一种缓慢的、单一的、有力的手法在肌肉和与肌肉相关的关节上滑动来完成拉伸操作。这种方式操作简单，且易于为客户所接受。

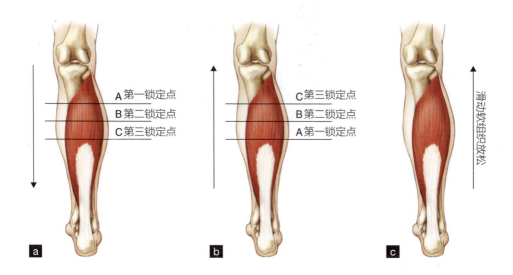

图3.1 从肌肉近端到远端应用锁定点操作最容易（a），而从肌肉远端到近端应用锁定点操作比较困难（b），除非使用滑动软组织放松（c）

在处理长肌肉，如腓肠肌、腘绳肌、肱二头肌、肱三头肌和前臂肌肉时，可以按照第1章讲述的方法创建一系列单独的锁定点来实施软组织放松技术，从近端到远端逐步拉伸，或者非常缓慢地沿着肌肉进行滑动，从远端向近端逐步拉伸。然而，当对其他肌肉，如菱形肌、胸大肌或臀肌实施软组织放松时，需要锁定的区域较小，或者肌肉形状不适合应用上述两种操作方式。在这种情况下，只需对需要拉伸的区域进行操作，并保持与客户沟通，以了解客户的肌肉在哪个锁定点得到最大限度的拉伸。

如何将拉伸集中到一个区域

在第1章中，图1.5、图1.6和图1.7说明了当由肌肉近端到远端自上而下进行拉伸时，拉伸的强度是如何从最小变到最大的。图3.2展示了治疗师用前臂从锁定点A到锁定点B，最后到锁定点C，自上而下横向锁定整块肌肉。图3.3展示了将3个锁定点集中在一起，同时应用更加适合局部锁定的方法，如用大拇指或肘部来完成锁定。不难看出，与横向锁定整条肌肉相比，锁定点集中会产生更强烈的拉伸效果。

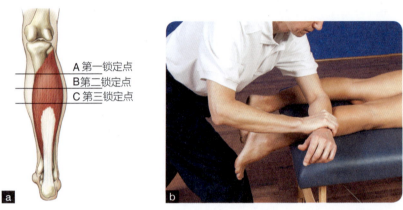

图3.2　创建横跨肌肉宽度的横向锁定（a），当应用时，（b）从锁定点A到锁定点C拉伸强度逐渐增大

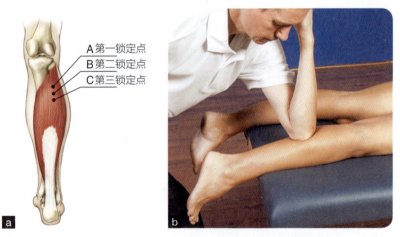

图3.3　将3个锁定点集中在一起（a），有助于将拉伸集中在肌肉的一个特定区域（b）

许多治疗师为了能够在一个特定区域集中拉伸某一部分肌肉，在使用软组织放松时会使用上述方法。但值得注意的是，应用此法完成拉伸之后，要用轻抚式按摩法来缓解该区域由拉伸引起的疼痛感。

压力的方向

当治疗师确认锁定点后，在锁定点上施加压力的方向不同会让客户感觉到拉伸的力度、效果，以及治疗师实施拉伸的难易程度有所不同。压力方向的轻微变化会影响技术实施的效果。通过练习，治疗师会发现，当他们对客户的肌肉实施拉伸时，他们用来锁定肌肉的身体部位会被拖拽到拉伸的方向。因此，在此种情况下，治疗师有必要向其反方向施加压力，以保持锁定点固定，不至于被拖拽移位。

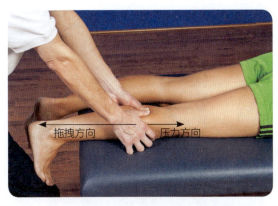

图3.4 在小腿上拉伸时，拖拽的方向朝向足部，因此压力方向需要朝向膝关节

例如，当对小腿肌肉实施软组织放松时，拖拽方向朝向足部，因此你需要向膝关节方向施加压力（图3.4）。在对腘绳肌实施软组织放松时，拖拽方向朝向膝关节，因此你需要向臀部方向施加压力（图3.5）。

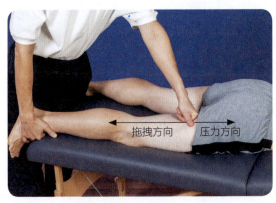

图3.5 在对腘绳肌实施软组织放松时，通过向臀部方向施加压力来抵消向膝关节方向的拖拽力

小贴士 要了解压力的方向是如何影响被动软组织放松的应用，可以尝试这样的练习。选择一块肌肉，如小腿肌肉，施加与小腿垂直的锁定压力，实施拉伸。然后试着放松皮肤，向膝关节方向施加压力时会发生什么？最后，尝试把客户小腿轻轻拉向自己，这样做会发生什么？治疗师和客户都应该感觉到，当压力朝向膝关节时，产生的拉伸力度最强。

在本章"被动软组织放松的关键锁定、锁定点移动和站位姿势"一节中，多数照片均带有箭头，以展示治疗师施加压力的方向。

收紧松弛的皮肤

在实施拉伸之前朝某一特定方向施加压力的目的之一就是收紧松弛的皮肤，这样做可以提高拉伸的效率。尽管能够想象到这个动作，但是很难描述出来。通过下面的照片，治疗师会更好地理解"收紧松弛的皮肤"——用大拇指轻轻推开覆盖在斜方肌下半部分和菱形肌上的皮肤组织。

准备收紧菱形肌上的皮肤

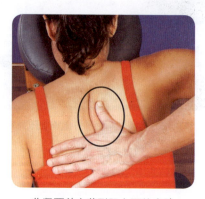

收紧覆盖在菱形肌上面的皮肤

按摩油按摩和软组织放松相结合

　　按摩油按摩和软组织放松相结合比较容易实施。在拉伸部位抹上按摩油，并放置一块薄毛巾，然后隔着毛巾锁定待拉伸的部位并对其进行拉伸。记住，隔着衣服与直接在裸露的皮肤上锁定肌肉相比，这种锁定肌肉的方式更加牢固。事实上，不仅如此，这种锁定肌肉的操作也更加方便。做完1次软组织放松后，拿开毛巾，继续按摩该部位。这样（按摩、软组织放松；按摩、软组织放松；按摩、软组织放松）重复3次，做第3次软组织放松时，客户感受到的拉伸感会减弱（同时治疗师也会发现肌肉更加顺应自己的动作，也更容易被锁定和拉伸），这是因为经过前两次的软组织放松，软组织已经被拉长了。

　　另一种将软组织放松与按摩油或其他按摩介质相结合的方法就是改良后的滑动按摩技术。例如，当滑动按摩小腿肌群时（a），治疗师帮助客户被动屈曲脚部以伸展脚踝；当滑动按摩肱二头肌时（b），治疗师帮助客户被动屈曲肘关节使其得到伸展；当滑动按摩腕部和指伸肌时（c），治疗师帮助客户被动屈曲腕部使其得到伸展。

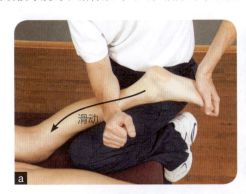
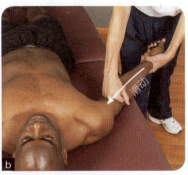
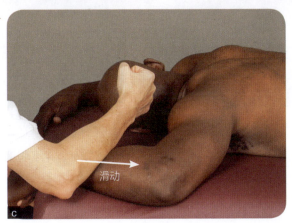

被动软组织放松的关键锁定、锁定点移动和站位姿势

　　下面以插图的形式讲解对12个身体部位实施被动软组织放松的办法。这12个身体部位具体指小腿肌群、腘绳肌、臀肌、菱形肌、肱三头肌、肩内收肌、肱二头肌、尺侧腕伸肌和指伸肌、手腕和指屈肌及胸肌。请注意，这里提供的每一个方法，都要求治疗师进行被动拉伸时在锁定点保持较小的压力。照片上的箭头指明了治疗师收紧松弛皮肤的方向。第6至第8章将会详细说明如何对这些身体部位实施软组织放松。可以把被动软组织放松的详细说明与主动-辅助和主动软组织放松的详细说明进行对比，加深认识。

小腿肌群

　　客户俯卧，治疗师站在床尾。治疗师双手拇指放在膝关节附近并用力锁住客户的小腿肌群，或者在肌肉中段锁定小腿肌群。每次锁定，拇指应该朝膝关节方向用力，而不是垂直向下用力。切勿直接压入膝关节后方的腘窝间隙。保持锁定的同时，治疗师用大腿向前顶客户的前脚掌，让客户的踝关节背屈。注意，在这样的情况下，若治疗师所实施的压力过大会影响到比目鱼肌，而比目鱼肌的软组织放松要求客户处于侧卧位姿势才能进行。

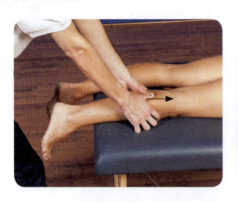
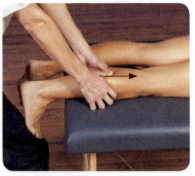

提示　治疗师在使用拇指操作时要小心。因为小腿肌肉强壮有力，如果发现实施软组织放松时，拇指产生了不适的感觉，那就换另一种操作方法。

另一种对小腿实施被动软组织放松的方法是用拳头实施锁定。

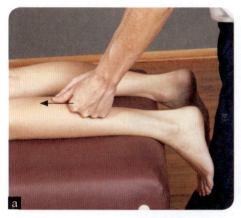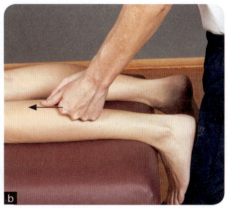

（a）使用拳头实施锁定，（b）拉伸小腿肌群

在小腿上实施被动软组织放松的一个与之前稍有不同的方法是让客户俯卧，治疗师将客户的膝关节弯曲，同时将其小腿放在自己的大腿上。保持这个姿势（a），治疗师将按摩油涂抹在客户小腿肌群上，一只手抓住客户脚尖帮助其背屈脚背，另一只手的前臂从客户脚踝开始，自下而上进行滑动按摩（b）。这是一个由远端向近端实施操作的案例。与治疗师用前臂滑行至客户膝关节附近相比，这一方式会使客户感觉到跟腱上方和小腿肚的拉伸感更强烈。产生这种效果的另一个原因是，当膝关节弯曲时，腓肠肌处于放松状态，有利于拉伸下方的比目鱼肌。

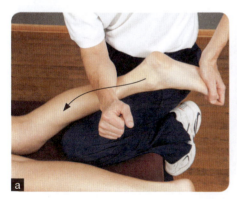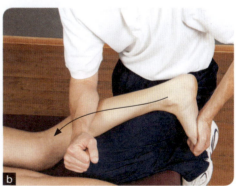

（a）用前臂锁定小腿肌群，（b）沿肌肉自下而上滑动

同样地，用拳头在小腿肌群实施软组织放松时，不采用静态锁定及从膝关节到脚踝的按摩顺序，而是在涂抹按摩油后，用双拳从跟腱沿小腿向膝关节方向滑动。在这一过程中，治疗师用自己的大腿帮助客户背屈，以及放松脚和脚踝，同时调整自己拳头的力度。

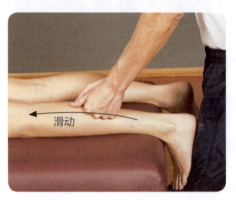

用双拳使用滑动软组织技术放松小腿肌群

腘绳肌

让客户俯卧，通过膝关节屈曲来让腘绳肌被动收缩。治疗师锁定客户靠近坐骨附近的肌肉。每次锁定肌纤维并拉伸腘绳肌时，压力应该朝坐骨方向，而不是垂直向下压（a）。治疗师保持锁定的同时，让客户的膝关节慢慢伸直，以拉伸腘绳肌（b）。

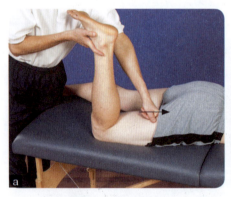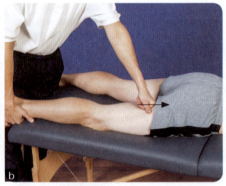

（a）使用松拳锁定，（b）拉伸腘绳肌

提示　如果客户的腿长，或者客户比治疗师个子高，治疗师就很难锁定客户坐骨附近的肌肉或者腘绳肌上部肌肉。此时，可选择锁定腘绳肌下部肌肉，或使用其他的软组织放松方法。治疗师不要为了在前面要求的位置操作，而过度拉伸自己的背部，造成损伤。

臀肌

你可以使用肘部对臀肌实施被动软组织放松技术。鉴于臀肌的形状，治疗师对其实施软组织放松时，不可能像治疗腘绳肌或肱二头肌那样，沿着长长的肌肉条索进行拉伸。因此，治疗师在对臀肌实施被动软组织放松时，需要通过改变姿势，让客户感受到被拉伸。治疗师可以用肘部揉客户的股骨处的肌肉组织，同时另一只手抓住客户的脚踝，将客户下肢向里拉或向外推，从而完成对臀肌的拉伸。

 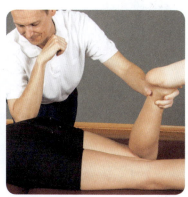

菱形肌

对菱形肌做软组织放松有两种方式：第一种方式要求客户俯卧在治疗床上，第二种方式要求客户采用坐姿。第一种方式，客户呈俯卧位，肩膀放松。治疗师抓住客户的一只手臂，使菱形肌收紧，轻轻朝脊柱方向按压菱形肌以锁定肌肉。保持锁定的同时，客户手臂缓慢下落，使手臂呈屈曲姿势，肩胛沿胸腔延长以拉伸菱形肌。

 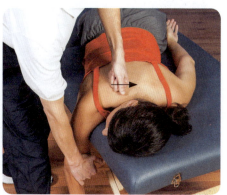

或者，让客户身体放松并坐在椅子上。治疗师轻轻抓住客户手臂，让手臂内收，肩胛回缩，菱形肌收紧。另一只手朝脊柱方向按压菱形肌，以锁定肌肉。保持锁定的同时，让客户的手臂屈曲以被动延长肩胛。

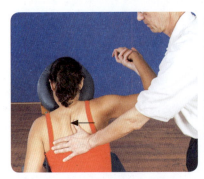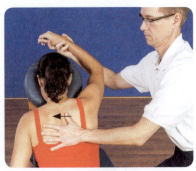

以这种方式实施时，拇指几乎不需要用力，因为当肩胛骨缩回到当下位置时，皮肤相当松弛。但是，如果治疗师在使用拇指锁定肌肉时有任何不适的感觉，那么一定要选择其他方法。

肱三头肌

让客户俯卧，确保俯卧姿势不会妨碍客户的肘部完成屈曲动作。当治疗师从肩部到肘部逐步按摩时，注意不要将客户的肘窝挤压在按摩床的床边上。让客户肘关节被动伸展，使肱三头肌收紧。在靠近肌肉起点附近朝肩膀方向按压肱三头肌，以锁定肌纤维。在保持锁定的同时，轻轻地屈曲客户的肘关节。在这个示例中，治疗师轻轻握住客户的肱三头肌，是因为客户的手臂比较纤细，没有必要紧握或采用特殊的锁定。如果想用拳头或拇指锁定，治疗师施加压力的方向必须是朝向腋窝的。如果客户的手臂过长，治疗师在应用软组织放松时不能从肱三头肌的远端开始，因为其上臂无法完全横放在治疗床上。

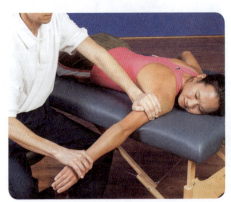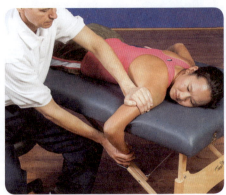

肩内收肌

客户俯卧，肘部放松并自然屈曲。治疗师对其肩关节下部肌肉实施软组织放松，同时注意不要损伤腋窝结构。这种拉伸要求治疗师用一只手轻轻按住客户肩关节下部肌肉组织，另一只手握住客户上臂，轻轻拉拽肩关节，同时将客户肩关节外展，完成拉伸。

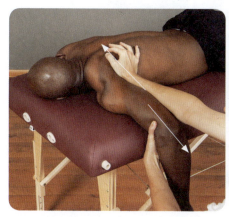 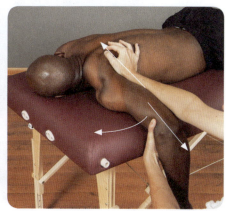

肱二头肌

客户仰卧，治疗师被动屈曲客户的肘关节，朝腋窝方向按压肱二头肌，收紧皮肤并轻轻锁定肌肉。治疗师保持锁定的同时，轻轻地伸展客户的肘关节。在此示例中，治疗师站得离治疗床很近，因此可以看到用左手拇指锁定的位置。如果此时治疗师在这个位置施加压力，就会使拇指产生轻微不适。实际操作时，治疗师会稍微远离治疗床，挡住自己的手，这样就可以用前臂、手腕和拇指共同施加压力。

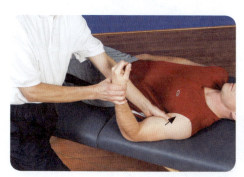 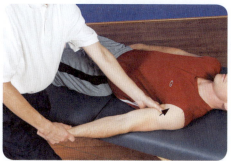

正如对小腿肌群实施软组织放松一样，在对肱二头肌进行软组织放松时，治疗师也可以借助按摩油从肘部到肩部进行滑动按摩。操作开始时，治疗师一只手抓住客户手腕，使其肘部保持弯曲状态，另一只手握松拳从肘部开始自下而上沿肌肉进行滑动拉伸，同时不断使客户肘关节弯曲、伸展，弯曲、伸展。

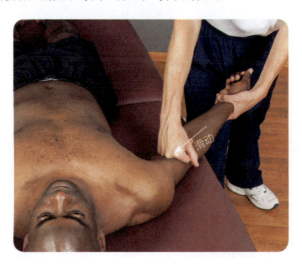

手腕和指伸肌

应用被动软组织放松技术拉伸手腕和指伸肌时，治疗师应轻轻地伸展客户的腕关节，从前臂侧面锁定屈肌肌腹，向肘关节方向施加压力。治疗师保持锁定的同时，缓慢屈曲客户的腕关节。

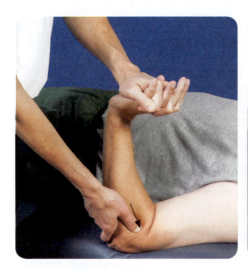
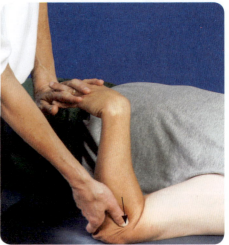

　　如果需要在客户呈现俯卧位时改变按摩手法，只需将客户的肩部外展，使其前臂自然置于治疗床上，手自然垂于治疗床一端即可。然后治疗师用前臂从客户手腕向上滑动按摩到肘部，另一只手帮助客户弯曲和伸展其腕部，一边滑动，一边弯曲、伸展。

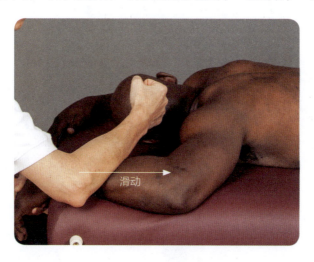

手腕和指屈肌

　　屈曲客户肘部，轻轻锁定屈肌起点。治疗师保持锁定的同时，轻轻地伸展客户的手腕。

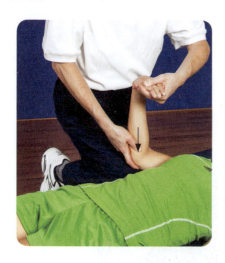
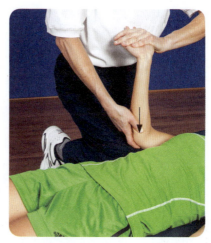

胸肌

客户仰卧，治疗师用一只手帮助客户水平屈曲手臂，另一只手轻轻握拳，朝客户的胸骨方向，而不是肋骨方向按压胸肌以锁定肌肉。治疗师保持锁定的同时，将客户的手臂缓慢地从水平屈曲过渡到自然姿势。

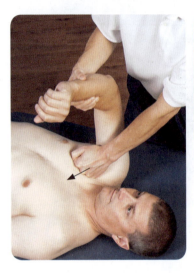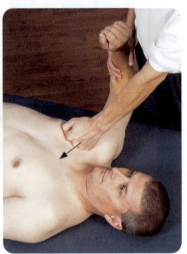

注意，在上面的照片中，治疗师选择用他的左拳锁定胸肌，右手帮助客户拉伸肩关节。在下面的照片中，治疗师正在为另一位客户拉伸胸肌，他选择用右手锁定胸肌，用左手移动客户的手臂。在上述两种情况中，治疗师拉伸的都是右侧胸肌，因此用哪只手锁定肌肉、用哪只手移动手臂并不重要。在日常的治疗工作中，治疗师会逐渐形成自己的偏好，或者治疗不同的客户使用不同的手。

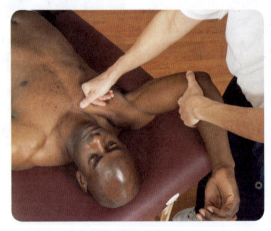

用右手握拳锁定胸肌

被动软组织放松安全操作指南

被动软组织放松是安全且有效的。不过，在开始实施被动软组织放松之前，了解下列注意事项是很有必要的。

■ 治疗师为客户小腿肌群做软组织放松时，应确保床尾没有尖锐物品。如果让客户俯卧在有尖锐物品的治疗床上，并且让脚伸出床尾做踝关节背屈时，脚背会被刺伤。

■ 客户在俯卧位接受小腿肌群或腘绳肌软组织放松时，治疗师应注意避免按压到客户的腘窝。

■ 客户在俯卧位接受菱形肌软组织放松时，治疗师注意不要让客户整个身体位于治疗床某一侧，应该让客户躺在治疗床正中间，这样比较安全。

■ 对肱二头肌做软组织放松时，治疗师应避免挤压到客户的肘窝。

■ 同样，当客户俯卧，治疗师对肱三头肌做软组织放松时，应避免为帮助客户屈曲肘关节而挤压其肘窝。

■ 治疗师对客户进行软组织放松时，要注意保护自己的拇指。如果发现客户没有拉伸感，需要加大锁定力度，也可以换别的部位锁定客户的肌肉。如果发现用别的部位锁定，会让自己的身体出现不适感，可以考虑做主动-辅助软组织放松。这种方式使治疗师更容易加大力度，同时操作更加安全。

■ 结合按摩油进行软组织放松时，与直接接触干燥的皮肤或隔着衣服相比，用毛巾进行锁定更加容易。因此，要缓慢加大锁定力度，直到客户反馈所用的力度合适为止。

■ 做被动软组织放松时，要实时观察并询问客户的感受。如果客户感觉疼痛，要及时终止。

■ 常规的按摩禁忌都适用于被动软组织放松。例如，有静脉曲张、皮肤破损、新伤或感觉迟钝等问题的身体部位均不能做软组织放松。

■ 对肩内收肌做软组织放松时需要对肩关节进行轻微的拉伸，因此，不能用此方法治疗肩关节容易半脱位的客户。

何时实施被动软组织放松

可以在日常拉伸训练时，隔着衣服对客户身体各个部位实施被动软组织放松，或者将被动软组织放松整合到一整套按摩治疗计划中。通过被动软组织放松，客户在运动前可以快速增加关节活动度或避免肌肉痉挛，在运动后可以拉伸肌纤维以消除肌肉痉挛。不过，无论是运动前还是运动后，治疗师都应该控制被动软组织放松的拉伸深度，不可过度拉伸客户的身体。此外，还可以把被动软组织放松作为一个有效评估手段来评估肌肉的柔韧性。

表3.1 适用于使用被动软组织放松的情况

肌肉	适用情况
小腿肌群	■ 用于治疗小腿肌群痉挛 ■ 用于缓解小腿肌群紧张 ■ 用于所从事的运动项目需要用下肢做动作的客户，如跑步、网球或篮球运动员 ■ 用于治疗需要长时间站立或久坐的客户 ■ 用于增加踝关节或膝关节的活动度 ■ 用于帮助需要增加踝关节背屈程度的客户（如之前因长时间卧床，现在需要站起来的客户） ■ 用于帮助穿高跟鞋的客户拉伸小腿肌群（经常穿高跟鞋，会导致过度跖屈并可能引起小腿肌群变短）
腘绳肌	■ 用于腘绳肌紧张的客户 ■ 用于久坐的客户，如驾驶员或打字员 ■ 用于需要通过下肢做动作的客户，如跑步或篮球运动员 ■ 用于增加膝关节活动度 ■ 用于腰椎过度前突的客户
菱形肌	■ 用于需要用上肢做动作的客户，如游泳、持球拍类或划船运动员
肱三头肌	■ 用于需要长时间或反复伸肘的客户，如持球拍类运动项目的运动员 ■ 用于按摩治疗师从业人员 ■ 用于之前给肘部或肩膀打石膏，需要恢复肘或肩关节活动能力的客户 ■ 用于增加肘关节屈曲度
肱二头肌	■ 用于需要长时间或反复伸肘的客户，如划船、挖掘、搬运人员 ■ 用于之前肘部或肩膀打了石膏，需要恢复肘或肩关节活动能力的客户 ■ 用来增加关节活动度，特别是肘关节伸展度
手腕和指伸肌，以及指屈肌	■ 用于音乐家，如吉他手、钢琴家、横笛吹奏者或小号吹奏者 ■ 用于治疗肱骨外上髁炎（伸肌群） ■ 用于治疗肱骨内上髁炎（屈肌群） ■ 用于反复或长时间屈曲腕关节的客户，如打字员、驾驶员或运输沉重包裹的人 ■ 用于参与需要双手紧握的体育项目（如划船或攀岩）的客户 ■ 用于按摩治疗师 ■ 用于之前肘或手腕打了石膏，需要恢复或手腕活动能力的客户
胸肌	■ 用于驼背客户 ■ 用于久坐的客户，如驾驶员或打字员 ■ 用于建筑工人，其胸肌的肌张力肯定比背部肌肉的肌张力高 ■ 用于在工作或者运动中需要用到胸大肌的客户，如小号吹奏者、网球或高尔夫球运动员

利用被动软组织放松技术治疗扳机点

当使用被动软组织放松技术治疗扳机点时，需要使用拇指或肘部。如果治疗师对扳机点的治疗不太熟悉，那么最好用拇指来完成工作。不要沿着肌肉的走向一直拉伸，也不需要创建新的锁定点，治疗师只需保持同一个姿势，将拇指（或肘部）置于扳机点上方，依照以下步骤实施操作即可。

1. 收紧即将实施软组织放松的肌肉。
2. 通过触诊和客户反馈来确定扳机点所在区域。
3. 用拇指按住扳机点，轻轻施加压力，关注客户的反馈。当客户感觉到略有不适即可，切不可令客户感到疼痛，因为疼痛会导致肌张力增大，而这对软组织放松的顺利实施会产生负面影响。
4. 保持锁定的同时，轻轻地延展肌肉，拉伸肌纤维。
5. 释放锁定点，舒缓地按摩这一区域。
6. 再次按住扳机点，重复上述操作，当重复了四五次这个操作后，再次询问客户的感受。

治疗师如何才能知道自己成功完成了扳机点的治疗？首先，对扳机点施加的压力应该比最初时要小些，而且在治疗师按压该点时，客户应该感觉到不适感有所减轻。在一个疗程后，由扳机点引起的其他症状有所减轻。之后为了使客户产生同样级别的不适感，治疗师可能需要向更深层的肌肉施加压力。而第一次治疗扳机点时，施加很小的压力就会引起不适。这里讲述的只是一个便利、简单的指导原则，目的是减轻客户扳机点处的疼痛，进而更高效地实施软组织放松技术。

如何熟练使用被动软组织放松技术

如第2章所述，软组织放松技术的3种类型分别是被动、主动-辅助和主动软组织放松。要想熟练掌握被动软组织放松技术，可以利用表3.2，一边对每块肌肉进行拉伸和锁定练习，一边将练习结果记录在表格中。以下方法能帮助治疗师进行有效练习。

■ 利用所学技术在每块肌肉上至少练习两次。
■ 在练习中，治疗师通过在不同部位的肌肉上实施锁定，逐步尝试，以了解自己适合用拇指、用拳还是用前臂实施操作。仅用拇指锁定本章所讲到的所有部位的肌肉是不可能的。治疗师在练习的过程中，可能习惯用不同的方法锁定不同的肌肉，因此，治疗师可以在每块肌肉上尝试不同的锁定方法，最终形成自己的习惯和偏好。

■ 治疗师要从其治疗的客户那里得到反馈。因为仅有一个客户说喜欢治疗师用拳头对其肱二头肌实施软组织放松，并不意味着所有的客户都喜欢这种方法。因此，为了满足所有客户的需求，在每一块肌肉上练习不同形式的锁定是很有必要的。

■ 治疗师不但应该熟练掌握用右手锁定需要实施治疗的肌肉，而且还应该练习用左手完成对每一块肌肉的锁定。

■ 当治疗师实施被动软组织放松时，应该考虑自己的感受。操作时，询问自己是否觉得舒服。提高或降低治疗床的高度会对治疗师的工作舒适度带来很大影响。

小问题

1. 肌肉处于自然状态的含义是什么？
2. 被动软组织放松中，是治疗师还是客户实施拉伸？
3. 拉伸肌肉时是否要保持锁定？
4. 锁定肌肉哪一端时客户的拉伸感最强烈？
5. 第一次结合按摩油按摩实施被动软组织放松时，为什么需要小心？

表3.2　被动软组织放松技术应用概述

小腿肌群			
俯卧 加强型拇指	俯卧 握拳	俯卧 前臂运用滑动按摩技术	俯卧 握拳运用滑动按摩技术

腘绳肌	臀肌	菱形肌	
俯卧 握拳	俯卧 肘	俯卧 握拳	坐姿 拇指

肱三头肌	肩内收肌	肱二头肌	
俯卧 抓住肌肉组织	俯卧 手掌联合轻柔肩部牵引	仰卧 拇指	仰卧 握拳运用滑动按摩技术

手腕和指伸肌		手腕和指屈肌	胸肌
仰卧 拇指	俯卧 前臂运用滑动按摩技术	仰卧 拇指	仰卧 握拳

第4章

主动-辅助软组织放松

本章将帮助治疗师掌握主动-辅助软组织放松的实施方法。首先,安全操作指南和表4.2能够帮助治疗师确定适合使用主动-辅助软组织放松的情景。其次,表4.3是对本章所学内容的综述,治疗师可以利用这个表格练习在每一块肌肉上实施软组织放松技术。最后回答章末的小问题,有助于检验自己是否已经掌握主动-辅助软组织放松方法的实施原则。

主动-辅助软组织放松入门

与被动软组织放松(软组织收紧和锁定均由治疗师完成)或主动软组织放松(由客户自己实施软组织放松技术)不同,主动-辅助软组织放松需要结合治疗师和客户双方的力量,适合用于很难使自己的身体放松下来的客户,以及希望能够参与治疗过程的客户。这种软组织放松方式允许治疗师加大锁定软组织的力度,因此尤其适用于实施被动软组织放松时拉伸感不明显的客户。采用这种方式进行软组织放松,必要时治疗师可以用双手牢牢锁定客户的肌肉,因此它特别适合用来放松体积较大的块状肌肉,如腘绳肌和股四头肌。治疗师通过双手一起用力加大锁定力度,同时也保证了治疗师自身手腕、手指,尤其是拇指的安全。

主动-辅助软组织放松特别适合用于关节在被石膏固定后的恢复训练。这种软组织放松不仅可以增加关节活动度,还可以恢复肌肉力量。这种方式之所以能够加强肌肉力量,是因为这一过程中,客户是主动参与肌肉治疗和恢复的。主动-辅助软组织放松鼓励客户在不引起关节疼痛的前提下参与康复训练,是一种非常有价值的康复技

59

术；对于术后客户，这种软组织放松方式比被动软组织放松更加安全。经医护人员允许，可以在康复早期介入这种康复技术，以帮助关节维持润滑性，同时恢复肌肉的胶原纤维形态，这是因为如果不活动关节，周围的肌肉就会完全萎缩。

主动–辅助软组织放松与被动软组织放松最大的不同之处在于：在被动软组织放松中，由治疗师拉伸处于放松状态的肌肉；而在主动–辅助软组织放松中，肌肉通常处于反向收缩状态，要由客户主动拉伸肌肉以活动相连关节。

如何实施主动–辅助软组织放松

实施主动–辅助软组织放松，可以参考以下步骤。

1. 触摸待拉伸的肌肉，找到肌纤维的走向。
2. 确认肌肉处于自然状态。自然状态是指肌肉既没有过度收紧也没有过度拉伸；在治疗师锁定肌肉组织时，客户需要保持这样的状态。
3. 向客户解释拉伸步骤。在你锁定肌肉后需要客户做动作，例如你需要客户收紧腘绳肌，只需告诉客户"请屈膝"，大多数客户都能准确无误地执行这个指令。不过，需要放松腓骨肌和腕屈肌、腕伸肌时，则不是仅通过一两句指令就可以准确表述的，此时你应该对客户需要做的动作进行讲解或示范。有很多客户甚至不清楚应如何做脚外翻这个动作（放松腓骨肌时需要客户做这个动作），以及腕屈曲和腕伸展等。对于这类动作，你都需要做示范。
4. 当肌肉处于自然状态或收紧状态时，锁定肌纤维时应由肌肉的起点（近端）逐步向止点（远端）移动锁定点。
5. 保持肌肉锁定，同时要求客户做指定动作，直到客户感觉到肌肉被拉伸。根据放松的具体肌肉，要求客户所做的动作各不相同（参见第6~8章所附照片以及对每一块肌肉拉伸动作的说明）。
6. 拉伸肌肉后，松开锁定，让肌肉回到自然状态或者要求客户再次收紧肌肉。
7. 另选一个新的锁定点，由肌肉近端向肌肉远端移动，直到锁定点移动到肌肉远端的肌腱为止。

表4.1展示了适宜在自然状态治疗的部位和适宜在收紧状态治疗的部位。适宜在自然状态治疗的部位有：小腿肌群、脚掌、斜方肌上束、斜角肌、肩胛提肌、竖脊肌、臀肌和髂胫束。适宜在收紧状态治疗的肌肉有：腘绳肌、髂肌、胫骨前肌、腓骨肌群、股四头肌、胸肌、肱二头肌、肱三头肌和腕屈肌、腕伸肌。这些肌肉是应治疗师的要求，由客户自己主动收紧的。

实施主动−辅助软组织放松时需要客户配合的脚踝、腕部动作示意图

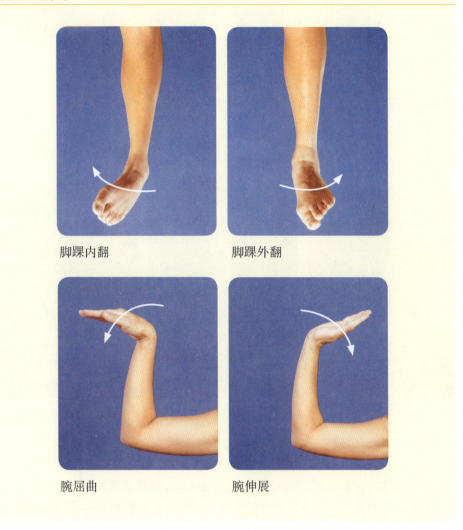

脚踝内翻　　　　　　　　　脚踝外翻

腕屈曲　　　　　　　　　　腕伸展

　　从肌肉处于收紧状态下开始的优点在于：它能够让相关关节在整个范围内移动。而从肌肉处于自然状态下开始，可移动的关节范围比较小。图4.1所示为踝关节在不同状态时的活动范围：背屈（a），中立（b）和跖屈（c）。

表4.1 适宜在自然和收紧状态治疗部位的比较

自然状态	收紧状态
小腿肌群	腘绳肌
脚掌	髂肌
斜方肌上束	胫骨前肌
斜角肌	腓骨肌群
肩胛提肌	股四头肌
竖脊肌	胸肌
臀肌	肱二头肌
髂胫束	肱三头肌
	腕屈肌
	腕伸肌

  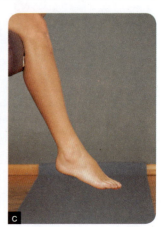

图4.1 踝关节处于背屈（a）、中立（b）和跖屈（c）状态

比较图4.2和图4.3，能清楚地看到，如果从踝关节跖屈开始，它的运动范围（图4.2）比从自然状态开始（图4.3）要大。

从肌肉处于收紧状态开始的另一个优点是：客户从肌肉收紧的状态下活动关节比从肌肉处于自然状态活动关节要更费力，这时就无须再激活客户的肌肉组织了。当把增强肌肉力量作为治疗目标之一时，这样做可能是有帮助的。这样做的缺点在于，对于一些客户来说，从肌肉处于收紧状态开始活动关节会比较容易感到疲惫。治疗师可以通过背屈自己的脚和脚踝，收紧胫骨肌群来验证这个观点，如图4.1a所示。比足底屈肌力量更弱的是腓肠肌，只需练习3～4次大幅度的背屈，就会感觉到肌肉开始疼痛。

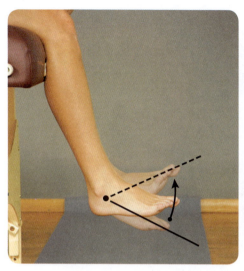
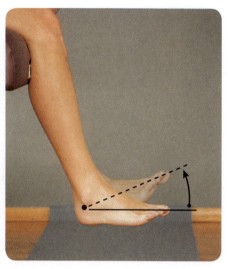

图4.2　从跖屈到背屈，踝关节在全范围内活动　**图4.3**　从自然状态到背屈，踝关节在小范围内活动

选择被动软组织放松还是主动－辅助软组织放松

　　治疗师可能会比较困惑：怎样才能知道哪块肌肉应该从收紧状态开始，哪块肌肉应该从自然状态开始呢？答案是：有些肌肉如果从收紧状态开始很难实现锁定或无法收紧松弛的皮肤，此时便只能从自然状态开始。

　　为客户提供治疗服务之初，应避免交替使用被动软组织放松技术和主动－辅助软组织放松。同时使用两种软组织放松方式会让客户感到困惑，不知道自己是否需要参与拉伸过程。不过，也有很多客户很快就学会如何配合治疗师进行主动－辅助软组织放松，特别是那些经常接受按摩治疗的客户。在后期治疗中，治疗师也许能够根据要拉伸的肌肉，凭直觉快速判断出应该对客户实施哪种软组织放松。

　　记住，有些客户不愿意主动参与治疗。因此，对于此类客户，不适合实施主动－辅助软组织放松，即使有些时候你认为非常有必要采取主动的方式。因为这些客户始终倾向于被动接受治疗。

锁定点用法说明

如同被动软组织放松，在主动-辅助软组织放松中，治疗师可以将第一个锁定点设置在肌肉近端，然后从近端到远端实施拉伸，如图4.4所示。

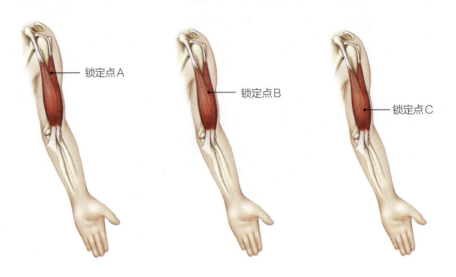

图4.4　从锁定点A到锁定点B再到锁定点C的设置说明

如何将拉伸集中于某一区域

在主动-辅助软组织放松中，将拉伸集中在某一特定区域的方法与被动软组织放松一样，不是横向锁定整块肌肉（图4.5），而是用拇指或肘部在小范围内锁定肌肉（图4.6）。

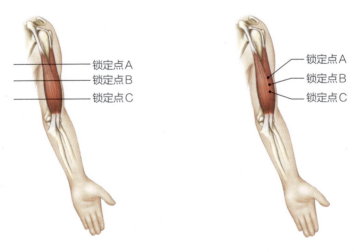

图4.5　横向锁定整块肌肉　　　　**图4.6**　局部锁定肌肉的某一区域

压力的方向

当治疗师对客户肢体做软组织放松时，通常对软组织施加向外的压力。在学习第3章时，我们了解到：当软组织被拉伸时，治疗师拉拽的方向很重要，这一点在主动 - 辅助软组织放松的实施过程中也一样重要。例如，当对肩胛提肌和斜方肌上束进行软组织放松时，治疗师应从锁定点朝下方的肩胛骨方向轻轻施加压力（图4.7）；当治疗师对竖脊肌实施软组织放松时，为了对抗客户颈部前曲产生的拉力，待完成锁定后，治疗师应该朝下方轻轻施加压力（图4.8）。

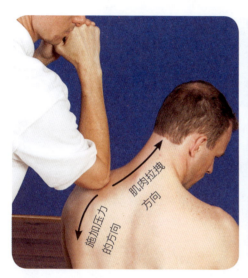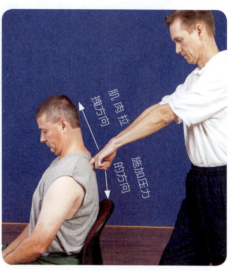

图4.7　对肩胛提肌实施软组织放松时，肌肉的拉拽方向和为了对抗此拉力的施压方向

图4.8　对竖脊肌实施软组织放松时，肌肉的拉拽方向和为了对抗此拉力的施压方向

在本章"主动 - 辅助软组织放松的关键锁定、锁定点移动和站位姿势"一节中，多数照片标注了箭头，用以说明治疗师在操作时的施压方向。

收紧松弛的皮肤

将图4.9与第3章在被动软组织放松中收紧松弛皮肤的图做对比，可以发现，在这两种技术中，治疗师锁定软组织之后，收紧松弛的皮肤都有利于更加有效地进行拉伸。

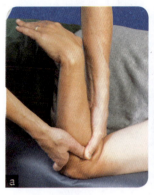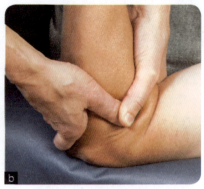

图4.9 收紧松弛的皮肤

按摩油按摩与主动－辅助软组织放松技术相结合

将按摩油按摩与主动－辅助软组织放松技术结合的简便方法就是准备一条面巾或一块小毛巾，将之覆盖在需要按摩的部位，治疗师可以隔着毛巾进行锁定，并不断调整锁定位置，沿肌纤维方向进行拉伸。涂抹按摩油后，治疗师很难固定锁定点的位置，此时正好可以用毛巾解决这个问题。待软组织放松结束后，治疗师可除去毛巾，继续对该区域进行按摩放松。

另一种方法就是实施滑动软组织放松。图4.10～图4.12以3个例子说明利用主动－辅助软组织放松技术如何实施滑动按摩。在实施过程中，随着治疗师从脚踝到膝关节反复滑动按摩胫骨肌群，客户要重复做脚踝的背屈和跖屈动作来配合。

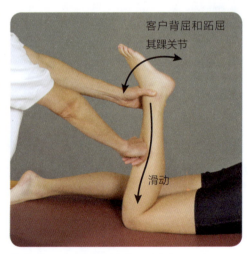

图4.10 对胫骨肌群实施滑动软组织放松

同样地，客户侧卧，治疗师对其小腿肌群侧面实施软组织放松时，一边从脚踝到膝关节滑动按摩，一边要求客户反复背屈和跖屈其脚踝进行配合。图4.11中，治疗师将客户的脚和脚踝都放在治疗床上，但实际操作时，有些治疗师会觉得固定住客户的腿，让其脚和脚踝离开治疗床，这样更便于滑动按摩。

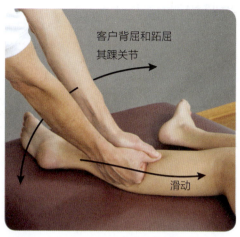

图4.11　对小腿肌群中部一侧肌肉实施滑动软组织放松

在第3个例子中，治疗师对客户的髂胫束实施滑动软组织放松。治疗师双手叠加握拳从膝关节向臀肌滑动，同时客户重复膝关节屈曲和伸展动作，以配合治疗师完成按摩。对髂胫束实施软组织放松技术时，客户需要处于一个舒适的侧卧位，以便于膝关节能够自由弯曲和伸展，如图4.12所示。

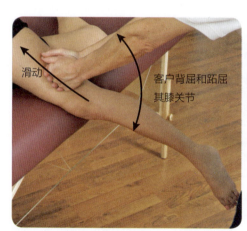

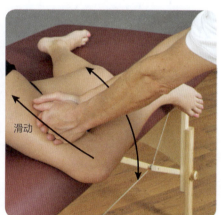

图4.12　对髂胫束实施滑动软组织放松

主动－辅助软组织放松的关键锁定、锁定点移动和站位姿势

以下结合照片和文字，说明对不同身体部位实施主动－辅助软组织放松的具体方法。这些身体部位是指：位于下肢的小腿肌群、脚掌、腘绳肌、髂肌、胫骨前肌、腓骨肌、臀肌、股四头肌和髂胫束；位于身体躯干的斜方肌上束、斜角肌、肩胛提肌、竖脊肌和胸肌；以及位于上肢的手腕和指伸肌、手腕和指屈肌、冈下肌、肱二头肌和肱三头肌。第6～8章有关于对这些部位进行主动－辅助软组织放松的详细说明，你可以将其与主动软组织放松和被动软组织放松对比，找到不同之处。

小腿肌群

治疗师用自己的肘部、拇指或前臂，在膝关节下方靠近膝关节位置锁定小腿肌群，注意不要按压腘窝。保持锁定，同时要求客户勾起脚尖，做踝关节背屈。客户完成踝关节背屈后，立刻松开锁定，换一个新的锁定点。

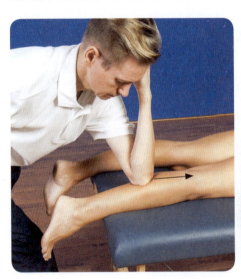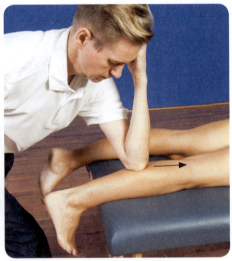

小贴士 小腿肌群强壮且面积较大，不容易锁定，因此，治疗师锁定时可以用另外一只手卡住锁定的肘部，以便固定锁定点。

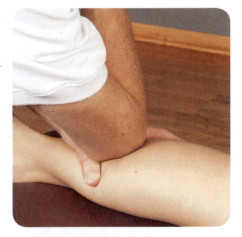

如果治疗师发现用肘部难以完成对某一特定区域的锁定，就可以尝试用双手拇指锁定该区域。

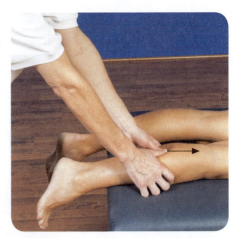

治疗师也可以用前臂完成横向锁定。

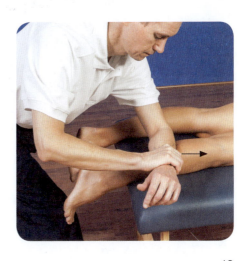

另外一种形式的主动-辅助软组织放松是治疗师用双手掌心按压小腿肌肉，同时客户完成脚踝的背屈和跖屈动作。

脚掌

客户俯卧，双脚伸出治疗床，踝关节处于自然状态，治疗师用凸点节瘤按摩器轻轻按压其脚掌。客户勾起脚尖或伸展脚尖来完成踝关节背屈和跖屈，治疗师对每只脚的脚底按摩几分钟。

小贴士　如果遇到脚心怕痒的客户，治疗师在操作之前，可以在客户足底涂一些按摩油，然后盖上一条毛巾，隔着毛巾实施操作，此时施加的压力可以略小。这样既可以让脚底比较敏感的客户接受治疗，也可以通过毛巾和按摩油更好地锁定按摩区域。

客户仰卧时，就不需要将脚伸到治疗床之外了。因为，这时客户可以很容易通过勾起脚尖和伸展脚尖来完成踝关节的背屈和跖屈。

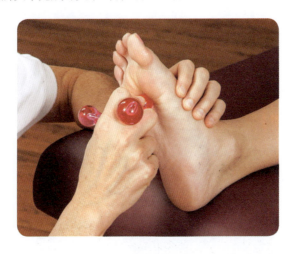

腘绳肌

客户俯卧，膝关节主动屈曲。治疗师将肘关节放在客户靠近坐骨附近的腘绳肌上，朝臀部方向按压腘绳肌，拉伸前先从腘绳肌较松弛的部分开始锁定。治疗师保持锁定，让客户的腿用力向治疗床方向下压。治疗师松开锁定，客户再次屈曲膝关节。

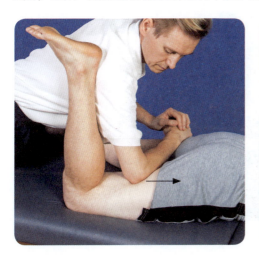
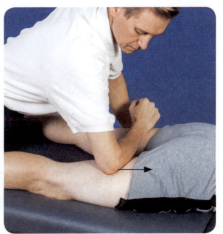

　　实施主动–辅助软组织放松时，治疗师可尝试交替左前臂和右前臂锁定。试比较前面的照片与下图：前面的照片中，治疗师用右前臂对客户的右腿腘绳肌实施软组织放松；而在下图中，治疗师则是使用其左前臂对客户的右腿腘绳肌实施操作。对于治疗师来说，哪个姿势更舒适些，一目了然。

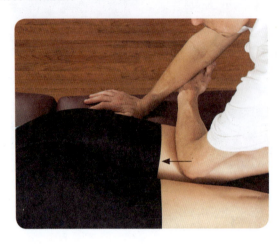

　　治疗师可以使用自己的肘部对客户的腘绳肌做局部锁定。这样的锁定方式适用于对其他类型的锁定不敏感的客户。

髂肌

客户侧卧，髋关节屈曲，治疗师锁定其髂肌（位于髂骨前面）。如果治疗师不能确定髂肌的位置，那么可以先找到髂骨的最高点，然后将手指下滑至髂骨窝，这时手指扣住的肌肉即是髂肌。治疗师保持锁定，让客户伸展髋关节并伸直双腿。髂肌是相对比较隐私的部位，也正因为如此，治疗师在对此处实施治疗前务必与客户沟通，得到客户理解和许可后方可实施操作。

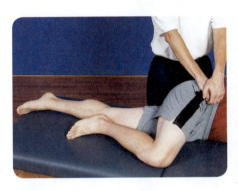 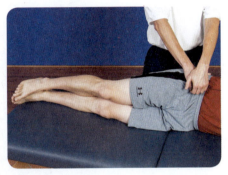

小贴士 当治疗师锁定髂肌时，手指尖朝向自己，这样，治疗师就可以在用力时将客户的身体向后方拉拽。这时可以在客户和治疗师身体之间放置一个垫子，这不但可以使操作更稳定，而且还可以使客户感觉更舒适。

胫骨前肌

客户踝关节背屈，治疗师用肘部或上肢其他部位锁定客户的胫骨前肌。治疗师保持锁定，要求客户完成跖屈，然后在距离胫骨前肌起点的更远处选择新的锁定点并锁定肌肉。正如下图所示，治疗师为客户实施软组织放松时，让客户保持侧卧位，将长枕垫放在客户腿下，使用长枕是一个很好的方法，但建议将客户的脚和脚踝置于长枕之外，这样有利于客户背屈和跖屈踝关节。

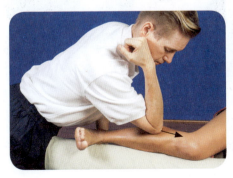 

小贴士 当治疗师让客户呈侧卧位，对胫骨前肌实施治疗时，不要让胫骨前肌的止点过度牵拉腓骨头，因为腓总神经绕着腓骨头行走，需要防止近端止点对神经造成过大的压力。

另外，治疗师也可以选择使用滑动软组织放松技术。

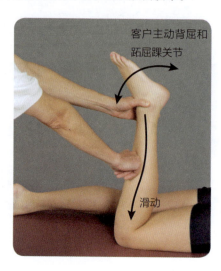

客户主动背屈和
跖屈踝关节

滑动

腓骨肌

客户侧卧，脚外翻。治疗师锁定腓骨肌张力较高的部位，保持锁定的同时要求客户将脚内翻。由肌肉近端至远端缓慢向下移动锁定点，客户会有比较明显且舒适的拉伸感。当客户处于侧卧位，治疗师对其胫骨前肌实施治疗时，一定不要施压于腓骨头，因为腓骨神经就在那里。

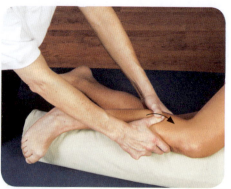

小贴士 让客户侧卧，将客户的腿放到长枕上，这样客户的脚部就有足够的空间，很容易完成脚踝的内翻。

治疗经验

　　我曾将软组织放松技术用于治疗一位客户小腿外侧的腓骨肌，这位客户觉得她这个部位比较疼。客户告诉我，她刚刚找到了一份新工作，但是这份工作需要她每天要步行上下班，一天两趟，每趟40分钟。而且做这份工作之前，她并没有任何不适症状。经过诊断，我发现这位客户的脚是非常典型的扁平足，这种情况并不适合长时间徒步，而且当时她在主动内翻脚时已经有拉拽痛感。经过治疗，她的内翻拉拽痛感已经消失。主动−辅助软组织放松技术对于那些很难拉伸小腿侧面肌肉的客户来说是很有帮助的。

臀肌

　　客户侧卧，髋关节处于自然状态，治疗师用前臂接触客户的臀肌并沿客户的骶骨方向按压，保持锁定，同时要求客户屈曲髋关节。重复锁定，让客户屈髋数分钟，并不断调整锁定点，找到客户拉伸感最强的部位，集中拉伸这个部位。

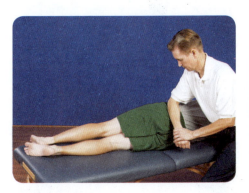 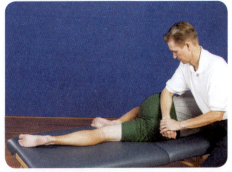

股四头肌

　　客户采用坐姿，伸直腿并绷直膝关节。治疗师及时锁定处于主动缩短状态的股四头肌。保持锁定，要求客户屈曲膝关节，松开锁定，然后在距离之前更远的锁定点处重新锁定，让客户再次屈曲膝关节以拉伸股四头肌。从髋关节往膝关节方向逐渐往下移动锁定点。请注意，下页图中治疗师让客户坐在治疗床边缘，而且并没有让客户把整个大腿部分放在治疗床上，而是让其靠近膝关节的部分悬空，这样做是为了方便客户屈曲膝关节。但这样就会有一个问题：当治疗师将锁定点逐渐下移至接近膝关节时，客户的大腿就没有支撑了，治疗无法进行。如果此时治疗师需要对接近膝关节的股四头肌实施治疗，可以要求客户调整坐姿，将整条大腿都平放在治疗床上。但这样，客户的膝关节最多只能屈曲90度。

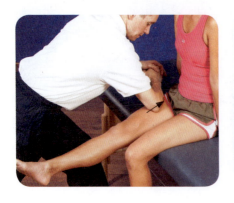
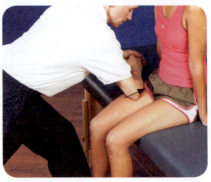

小贴士 为了方便治疗，治疗师需要让客户适当向远离自己的方向倾斜上身，并将其重心移至没有接受治疗的一侧。这样做的好处是，客户需要治疗的大腿侧面就全部展现在治疗师面前；不足之处在于，治疗师会不时让客户屈曲、伸展其膝关节，而此时治疗师离客户的小腿较近，经常容易被踢到。

髂胫束

客户侧卧，伸直腿，伸展膝关节。治疗师双手叠加握拳，将锁定点设置在膝关节上方，收紧软组织，朝向客户髋关节施加压力。保持锁定，此时要求客户屈曲、伸展其膝关节。然后将锁定点上移，继续重复上述动作，直到将锁定点靠近髋关节。

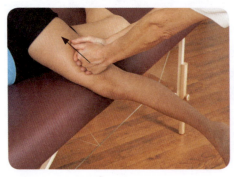
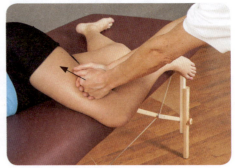

小贴士 实施此操作时，治疗师可以在客户膝关节下面垫一块海绵或一条小毛巾，这样可以避免给客户的膝关节带来不适的感觉。

治疗经验

　　曾经有一位正在休养的跑步运动员找到我，告诉我他大腿一侧的肌肉过于紧张，而且这种拉拽痛感延展到了膝关节。他曾经试图将身体侧卧于瑜伽平衡柱上，以达到按摩、疏通的目的，但是他很难准确地将瑜伽平衡柱置于最痛的位置，而且，这样做还让他感到疼痛难忍。虽然他后来接受了治疗师的建议，接受了疗效较好的筋膜放松，但是他感觉还是需要更深层次的按摩。于是我先帮他按摩了这部分肌肉，然后实施主动-辅助软组织放松技术，利用拳和手掌两种手法，隔着毛巾对他进行深度拉伸放松。客户对我采取的治疗措施十分满意，他感觉到了深度的拉伸感，并且觉得这个方法对缓解他的症状很有帮助。

斜方肌上束

　　客户采用坐姿，治疗师锁定其斜方肌上束的肌纤维。治疗师保持锁定，同时要求客户的颈部朝对侧身体屈曲，直到感觉有舒适的拉伸感为止。重复上述动作3次，然后换另一侧。请注意，当客户的颈部向对侧身体屈曲时，对治疗师的锁定点会产生一种朝向耳朵的拉拽力，这会使锁定点发生位移。因此，治疗师需要在锁定点轻轻施压，压力朝向远离耳朵的方向，即朝向肩膀上部，但不要压迫肩头，那样会让客户感到不舒服。

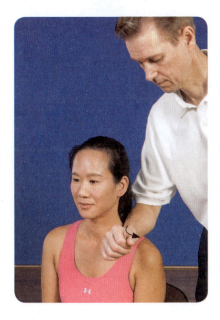
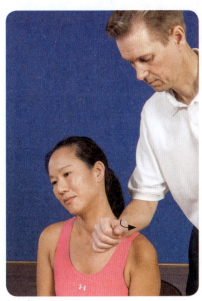

另一种治疗斜方肌上束的方法是：客户仰卧，治疗师用自己的拇指、按摩器或网球状小球锁定其斜方肌上束，同时客户侧向屈曲头部和颈部。即当治疗师锁定客户右侧斜方肌上束时，要求客户的头、颈部向左侧肩膀屈曲。

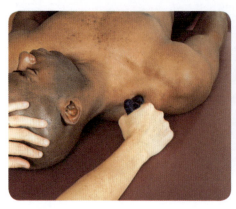
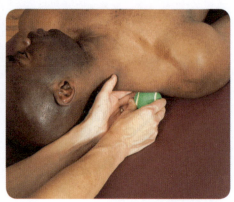

斜角肌

客户采用坐姿，治疗师用手指轻轻锁定客户的斜角肌。客户向另一侧转头，直到客户感觉斜角肌被舒适地拉伸开。重复3次，然后换另一侧并重复上述操作。注意，当客户的头转向另一侧时，治疗师锁定斜角肌的手指也会被拽向那一侧，为了避免这种情况，治疗师需要在锁定点轻轻施压，注意不要太过用力。

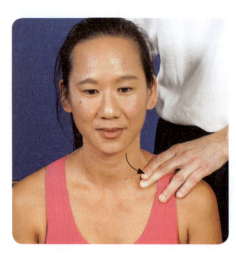
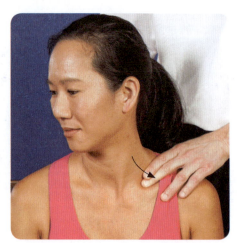

这个方式也适用于仰卧位。

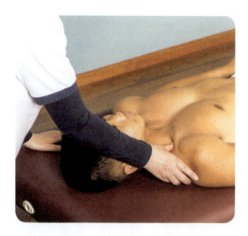
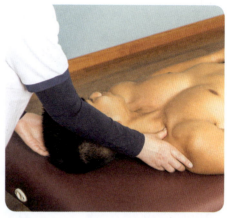

肩胛提肌

治疗师找到肩胛提肌并锁定，保持锁定，同时要求客户向45°方向转头，然后低头，眼睛看向地面。治疗师要求客户重复3次此动作，然后用同样的方法放松客户身体另一侧的肩胛提肌。注意客户转头时，治疗师用来锁定肩胛提肌的肘部是如何被拉力带向一侧的。为了避免这种状况，治疗师需要用肘部向肩胛骨方向轻轻施压。

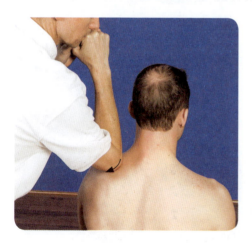
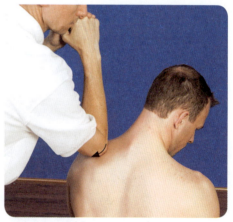

竖脊肌（棘肌）

　　客户采用坐姿，治疗师从其背部的正中间锁定竖脊肌。治疗师保持锁定，同时要求客户屈曲颈部。治疗师放松，然后往上移动锁定点，客户再次屈曲颈部，这样不断重复动作，反复拉伸竖脊肌。为了避免颈部弯曲对已锁定的软组织产生拉力，治疗师应该适当增加锁定力度，使压力深入软组织内部。还有一个问题就是，客户采用坐姿时，治疗师对锁定点增加力度会导致客户身体前倾，解决这个问题的有效方法是要求客户跨坐在椅子上，并在客户前胸与椅背之间放置一个靠垫。

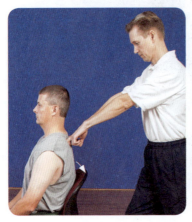
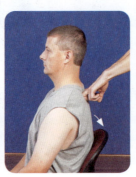

胸肌

　　客户抬起一侧手臂，让抬起的手越过身体，使胸大肌主动收紧。治疗师手握松拳，朝胸骨方向按压胸肌以锁定肌肉，保持锁定，同时要求客户移动手臂，感受胸肌的拉伸感。

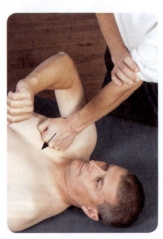
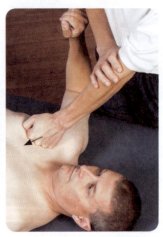

手腕和指伸肌

客户伸展腕关节，治疗师找到客户手腕和指伸肌肌腹并锁定，通过在锁定点轻轻向肘部施加压力，来收紧松弛的皮肤。保持锁定，同时要求客户屈曲腕关节。治疗师沿肘部肌肉侧面移动锁定点，重复上述操作。

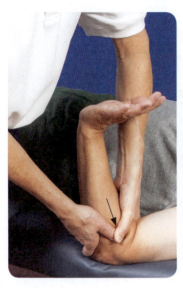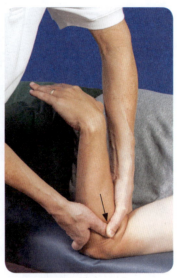

另一种有效的应用主动-辅助软组织放松技术治疗腕、指伸肌的方法就是让客户坐在治疗床一端的椅子上，将前臂平放在床上，手及腕部悬于床边。这样，在治疗师锁定肌肉时，客户方便自由屈曲手腕。

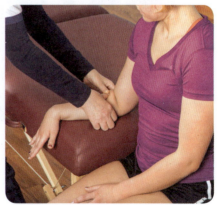

　　如何将治疗腕、指伸肌的主动–辅助软组织放松技术转变为滑动按摩技术呢？让客户采取俯卧位，手臂平放在治疗床上，手腕悬于床外。治疗师在客户前臂上涂抹按摩油，从腕关节开始，向其肘部滑动前臂并轻轻施压，同时要求客户屈曲、伸展其腕关节。

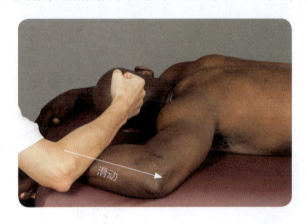

手腕和指屈肌

　　客户屈曲腕关节，治疗师找到客户手腕和指屈肌肌腹并锁定，保持锁定，同时要求客户伸展腕关节。治疗师沿指屈肌肌腹移动锁定点，反复锁定、拉伸。

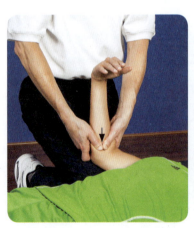 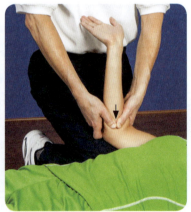

冈下肌

实施主动−辅助软组织放松治疗冈下肌时，客户俯卧在治疗床上，双臂平放于身体两侧，且保持手掌张开，掌心朝下。保持这个姿势时，冈下肌处于收紧状态。治疗师轻轻施压于锁定点，保持锁定，同时要求客户翻转手掌，使掌心朝上。锁定冈下肌时不必收紧松弛的皮肤。

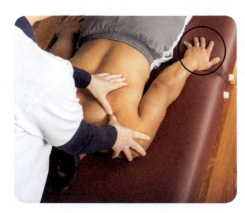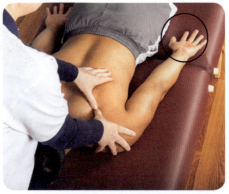

小贴士 冈下肌中部有一个扳机点，按压时，大部分人都会有疼痛感。使用主动−辅助软组织放松技术治疗这个扳机点对减轻肩部的紧张感很有帮助。

肱二头肌

客户呈仰卧位，主动屈曲肘关节，治疗师用指关节或拇指收紧客户松弛的软组织，并朝肩关节方向轻轻施加压力。保持锁定，要求客户慢慢舒展肘关节。

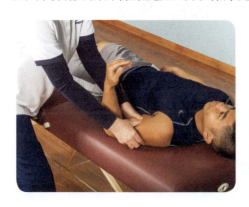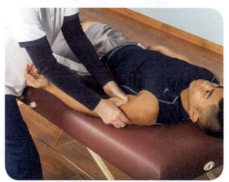

肱三头肌

使用主动–辅助软组织放松技术拉伸肱三头肌的方法如下：客户俯卧，手臂外展，伸展肘关节。治疗师轻轻锁定客户肱三头肌近端肌肉，并朝肩关节方向收紧松弛的皮肤。保持锁定，要求客户屈曲肘关节。如果客户手臂较长，应用此法则无法完成肱三头肌远端锁定。因为客户手臂过长，外展后将失去治疗床的支撑，治疗师将无法对悬于床外的手臂施加压力。

主动–辅助软组织放松安全操作指南

以下操作指南有助于保障主动–辅助软组织放松实施过程中治疗师和客户的身体安全。

■ 常规按摩的禁忌同时也是主动–辅助软组织放松的禁忌。例如，不可以对静脉曲张客户做主动–辅助软组织放松。

■ 用此方法治疗小腿肌群和腘绳肌时，不要按压到客户的腘窝。

■ 操作时，治疗师应注意自己的身体姿势，保护自己的背部。例如，治疗小腿肌群时，不要在没有找到固定物支撑自己身体的情况下向后弯腰。

■ 对胫骨前肌受伤的客户不可以做小腿肌群主动–辅助软组织放松。因为对小腿肌群做主动–辅助软组织放松需要反复背屈踝关节，会伤害胫骨前肌。但是，如果客户胫骨前肌力量太弱，无法背屈踝关节，此时应该采用主动–辅助软组织放松作为康复技术，因为它可以加强踝关节的背屈力量。

■ 当沿着胫骨或腓骨进行治疗时，要确保客户的膝关节获得足够的支撑。用肘关节锁定束状肌肉时，注意不要让肌肉脱离骨骼，以免发生挫伤，也不要按压或靠近腓骨骨头，因为那里是腓骨神经区。

■ 为膝前侧疼痛的客户拉伸股四头肌时，不能像往常一样从近端向远端移动锁定点。因为当锁定点越靠近膝关节，拉伸感越强，对膝关节的压力就越大。长期看来，这个动作可以较好地缓解由股四头肌张力较高而引起的髌骨疼痛，不过拉伸时客户可能会感觉比较疼。

■ 拉伸斜角肌时，注意控制锁定的力度。时刻关注客户的反馈。

■ 不要对糖尿病患者的脚掌实施软组织放松，除非治疗师能确定其脚部较敏感，能够在出现不适感时及时做出反馈。

■ 不要让腰背部有问题的客户处于坐姿接受肩胛提肌或斜方肌软组织放松，因为施加的压力会加重腰背部伤痛。

何时实施主动−辅助软组织放松

总体说来，主动−辅助软组织放松适用于以下情况。

■ 在治疗时无法放松自己身体的客户。

■ 喜欢参与治疗过程的客户。

■ 需要用较大的力气锁定软组织的时候。

■ 实施被动软组织放松过程中始终没有拉伸感的客户。

■ 治疗体积较大的块状肌肉，如腘绳肌和股四头肌。

■ 当客户的手腕、手指，特别是拇指非常需要保护时。

■ 需要加强肌肉力量时，例如关节固定后需要恢复肌肉力量。

表4.2提供了用主动−辅助软组织放松治疗某些肌肉时可能有用的建议。

利用主动−辅助软组织放松技术治疗扳机点

利用主动−辅助软组织放松技术治疗扳机点时，治疗师不需要沿肌肉进行拉伸，也不需要创建新的锁定点，只需让客户保持某种姿势，使用拇指按住扳机点，让客户活动相关的关节以达到拉伸的目的。因为治疗师不需要移动客户身体，所以能用两只手对扳机点施加压力，但注意对扳机点的按压力度不能太大。下面是操作指南。

1. 收紧需要治疗的肌肉。
2. 通过触诊及客户反馈，找到扳机点位置。

表4.2　主动－辅助软组织放松适用的情况

部位	适用情况
小腿肌群	■ 用于小腿肌群张力较高的客户 ■ 用于所从事的运动项目涉及下肢动作的人群，如跑步、网球或篮球运动员 ■ 用于治疗需要长时间站立或久坐的客户 ■ 用于增加踝关节和膝关节的关节活动度 ■ 用于治疗需要增加踝关节背屈程度的客户（例如，之前卧床不起现在需要重新站起来的客户） ■ 用于穿高跟鞋导致跖屈过度、小腿肌群变短的客户 ■ 用于需要加强胫骨前肌力量的部分训练
脚掌	■ 用于患有足底筋膜炎的客户 ■ 用于跟腱有问题的客户
腘绳肌	■ 用于腘绳肌张力较高的客户 ■ 用于久坐办公的客户，如驾驶员和打字员 ■ 用于所从事的运动项目涉及下肢活动的人群，如自行车、跑步或篮球运动员 ■ 用于增加膝关节活动度 ■ 用于腰椎过度前突的客户 ■ 经医生许可，用于膝关节手术或膝关节固定后的康复训练
髂肌	■ 用于髋屈肌张力较高的客户 ■ 用于所从事的运动项目需要反复屈髋的客户，如跑步、划船、自行车或赛车运动员 ■ 用于久坐的客户，如驾驶员 ■ 用于增加伸髋的活动度 ■ 用于长期骑行的客户
胫骨前肌	■ 用于胫骨前肌张力较高的客户 ■ 用于所从事体育活动需要反复或长时间背屈的客户，如跑步或网球运动员 ■ 长时间登山之后 ■ 长时间站立之后 ■ 踝关节固定治疗后，需要增加跖屈活动度
腓骨肌	■ 用于腓骨肌张力较高的客户，通常是那些扁平足人群 ■ 用于踝关节固定后增加关节内翻度 ■ 用于所从事活动用到腿部肌肉的客户 ■ 用于踝关节有外翻倾向的客户，如骑马的人
臀肌	■ 用于从事体育活动要求反复或长时间伸展或外展髋关节的客户，如跑步、跳高和滑冰运动员

续表

部位	适用情况
股四头肌	■ 用于股四头肌张力较高的客户 ■ 用于所从事体育运动涉及下肢动作的客户，如自行车、跑步、跳高或跳远运动员 ■ 用于增加膝关节活动度 ■ 用于增加膝关节屈曲度
斜方肌上束、斜角肌、肩胛提肌、竖脊肌（棘肌）	■ 用于颈部肌肉张力较高的客户 ■ 用于久坐办公的客户，如作家、驾驶员或打字员 ■ 用于歌手 ■ 用于增加颈椎活动度 ■ 用于颈椎固定后的康复治疗 ■ 用于需要在坐姿时进行按摩的客户 ■ 用于肌张力过高引起头疼的客户 ■ 用于肩胛骨固定或肩膀受外伤后的康复训练，尤其适用于斜方肌上束和肩胛提肌 ■ 用于反复或长时间活动肩膀的客户，特别是那些需要做举手过肩动作的客户，如网球、游泳或保龄球运动员 ■ 用于长时间保持一个姿势不动的客户，如画家或模特
胸肌	■ 用于胸肌张力较高的客户 ■ 用于驼背的客户 ■ 用来增加肩部水平外展 ■ 用于肩关节固定后的康复训练（如吊绷带的客户） ■ 用于反复或长时间活动肩膀的客户，尤其适用于需要肩关节内收、前屈、水平屈曲的客户，如攀爬、持球拍类或游泳运动员 ■ 用于长时间保持肩前屈不动的客户，如自行车运动员或驾驶员
手腕和指伸肌，以及指屈肌	■ 用于需要反复运动手指的音乐家，如吉他手、钢琴家、横笛或小号吹奏者 ■ 用于治疗肱骨外上髁炎（伸肌群） ■ 用于治疗肱骨内上髁炎（屈肌群） ■ 用于反复或长时间屈曲手掌或手指的客户，如打字员、驾驶员或搬运重物的工作人员 ■ 用于所从事活动需要双手紧握的客户，如攀爬或划船运动员 ■ 用于按摩治疗师 ■ 用于手腕或手肘关节固定后的康复治疗

3. 将拇指轻轻置于扳机点，慢慢施加压力。听取客户反馈，直到客户觉得在施加的压力之下有不舒适感而不是痛感时，即是施压的恰当力度。要注意疼痛会导致肌肉紧张，而这对软组织放松技术的使用是没有好处的。

4. 保持锁定，轻轻地拉长肌肉，拉伸肌纤维。

5. 松开锁定，按摩这一部位。

6. 当按照上述指南实施4~5次治疗后，用手反复触碰扳机点，并询问客户感受。

随着扳机点疼痛的消散，治疗师触碰扳机点的力度逐渐变小，而客户感觉到的不适感也逐渐减轻。通常需要一个疗程的治疗，客户扳机点的疼痛感以及由扳机点引起的其他症状才会消除。

如何熟练使用主动－辅助软组织放松技术

当治疗师练习主动－辅助软组织放松技术时，可依据表4.3依次练习不同部位肌肉的锁定方法。尝试按照下列要求充分练习该技术。

■ 通过升高或降低治疗床高度，练习治疗姿势。

■ 左手和右手交替练习创建锁定点。哪些部位的肌肉需要用双手加强锁定？

■ 练习使用滑动按摩实施软组织放松技术。

■ 询问客户更喜欢哪些锁定点带来的舒适感受，哪些锁定点能提供最强、最舒适的拉伸？是否有锁定点让治疗师和客户都感到不舒服？

■ 对每个部位肌肉的软组织放松至少练习两遍。

小问题

1. 主动－辅助软组织放松由谁实施，是治疗师、客户，还是双方一起实施？

2. 主动－辅助软组织放松适用于哪一类客户？

3. 为什么这种形式的软组织放松对关节固定后的康复训练非常有用？

4. 被动软组织放松和主动－辅助软组织放松两者最大的不同点是什么？

5. 第一次为客户实施软组织放松时，为什么要避免交替使用被动软组织放松和主动－辅助软组织放松？

表4.3　主动－辅助软组织放松技术应用概述

小腿肌群			
俯卧	俯卧	俯卧	俯卧
肘部	前臂	双手拇指	双手手掌挤压

脚掌		腘绳肌	
俯卧	仰卧	俯卧	俯卧
工具	工具	前臂	肘部

髂肌	胫骨前肌		腓骨肌
侧卧	侧卧	俯卧	侧卧
手指	肘部	拳，滑动	双手拇指

续表

臀肌	股四头肌	斜角肌	
侧卧 前臂/肘部	坐姿 前臂	坐姿 手指	仰卧 手指

髂胫束		斜方肌上束	
侧卧 双拳叠加	坐姿 前臂	仰卧 工具	仰卧 工具

肩胛提肌	竖脊肌	胸肌	冈下肌
坐姿 肘部	坐姿 指关节	仰卧 松拳	俯卧 手指

续表

手腕和指伸肌			手腕和指屈肌
仰卧 双手拇指	坐姿 双手拇指	俯卧 利用前臂实施滑动按摩技术	仰卧 双手拇指
肱二头肌	肱三头肌		
仰卧 双手拇指	俯卧 双手拇指		

第5章

主动软组织放松

被动和主动－辅助软组织放松是治疗师用来为客户提供治疗服务的两种软组织放松方式。本章中，我们要讨论的是如何实施主动软组织放松，治疗师可以把这种软组织放松方式用在自己身上或教给客户让客户将其作为家庭护理计划的一部分。本章介绍关于13块肌肉主动软组织放松的关键锁定、锁定点移动和站位姿势，并配有照片和安全操作指南，同时在表5.1中列出主动软组织放松的适用情况。和前两章一样，本章也提供了表5.2，而且回答章末的小问题可以加深对实施主动软组织放松的理解。

主动软组织放松入门

人体很多肌肉都可以实施主动软组织放松。实施主动软组织放松时，由客户自己锁定并拉伸肌肉，不需要治疗师的辅助。与被动软组织放松不同，主动软组织放松的肌肉拉伸是主动收紧，而不是被动收紧。这意味着你锁定的肌肉处于收缩状态，而不是舒张状态。这种放松方式释放肌张力的效果非常显著，没有治疗师帮助时，用这种放松方式代替也非常不错。利用主动软组织放松治疗扳机点的效果非常好。

如何实施主动软组织放松

实施主动软组织放松，可以参照以下步骤。

1. 触摸待拉伸的肌肉，找到肌纤维走向。
2. 收紧肌肉，也可以理解成肌肉向心收缩。具体的收缩运动取决于待拉伸的肌肉。例如：如果对腘绳肌实施主动软组织放松，需要屈曲膝关节；如果对肱三头肌实施主动软组织放松，伸展肘关节时，肌肉不需要完全收缩。事实上，肌肉完全收缩有时候会影响软组织的放松效果。例如，为了收缩肱二头肌而让肘关节全范围屈曲后，肌肉锁定也会受到限制，因为没有足够的空间来抓握肱二头肌。
3. 轻微收紧肌肉，锁定肌纤维，从肌肉起点（近端）开始锁定肌肉。
4. 一旦完成锁定，就立刻主动拉伸肌肉。拉伸时保持锁定。
5. 肌肉被拉长后，立刻松开锁定。
6. 再次收紧肌肉。
7. 在第一次锁定点附近选一个新的锁定点。重复上述步骤。

直至锁定点移动到肌肉远端的肌腱并拉伸后，才结束该肌肉拉伸。如果操作无误，随着锁定点由近端向远端移动，拉伸感会越来越强烈。

> **小贴士** 为了真正地掌握软组织放松技术，需要了解身体肌肉和肌肉能够完成的动作。如有必要，可以在手边放一本解剖学参考书，在阅读本书过程中随时翻阅。

锁定的方向

当锁定一块肌肉时，拉伸感从肌肉的近端到远端逐渐增强。锁定点C产生的拉伸感强于锁定点A，因为锁定点C需要被拉伸的软组织少于位于肌肉远端的锁定点A，如图5.1所示。

然而，根据肌肉的形状和治疗师锁定肌肉的手法，这一原则也会有例外。图5.2中，客户的肱二头肌非常发达，如果使用单手抓握锁定的方法，不可能完成从近端到远端的锁定。因此，用主动软组织放松治疗肱二头肌的效果不如使用被动软组织放松或主动－辅助软组织放松。

如何将拉伸集中到一个区域

与将锁定点分散设置在一个区域并对该区域软组织进行拉伸（图5.3）相比，将锁定点以相对较近的距离集中设置在这个区域并进行拉伸（图5.4）更精准。在多数情况下，用网球状小球来创建锁定点实施主动软组织放松的效果最好，但要注意不能过度治疗任何一个区域。与利用被动软组织放松和主动-辅助软组织放松技术相比，实施主动软组织放松出现过度治疗的风险要略大些，因为被动或主动-辅助软组织放松技术结合按摩进行，锁定、拉伸之后会利用按摩对实施操作的肌肉组织进行放松。如果治疗师认为客户更适合主动软组织放松技术，那么就必须要求客户在完成软组织放松后进行自我按摩，从而使肌肉得到放松。

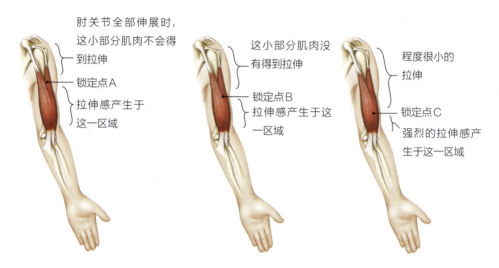

图5.1 锁定点从近端到远端移动，拉伸强度逐渐增加

图5.2 使用抓握的手法锁定强健的肱二头肌

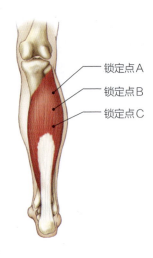

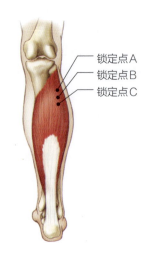

图5.3　将特定锁定点分散设置在整块肌肉上

图5.4　将特定锁定点集中设置在肌肉的某一区域

压力的方向

通常，实施软组织放松技术时，施加的压力总是朝向肌肉近端。例如，治疗腕伸肌（图5.5a）或腕屈肌（图5.5b），拇指施加的压力都是朝向肘部的。

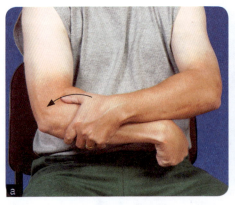

图5.5　治疗腕伸肌（a）和腕屈肌（b）时压力的方向

　　然而，对于大部分的肌肉来说，用拇指锁定是不可能的，所以可以使用按摩工具施加压力，完成锁定。通常这种方法是很有效的，而且很多工具都可以用于创建锁定点。最简单、好用的工具就是球，如高尔夫球状小球、高弹球、带刺的治疗球或者网球状小球（图5.6）。因为使用时压力过大会造成网球开裂，因此更好的选择应该是网球状小球，就是那种狗玩具。这些球看起来像网球，但比网球更结实、耐用。

图5.6　用来将压力导向软组织的球有：（a）高尔夫球状小球、（b）高弹球、（c）带刺的治疗球和（d）网球状小球

　　实施软组织放松的实用工具还有狗玩具中的绳球（图5.7）。我们用这种球实施主动软组织放松技术，就会很容易发现其优势。例如，处于站姿实施软组织放松技术时，可以抓住绳子的一端，这样用另一端的小球实施锁定时，小球不会掉到地上。

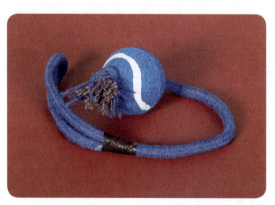

图5.7　狗玩具：绳球

收紧松弛的皮肤

拉伸之前收紧松弛的皮肤比不收紧皮肤直接拉伸的效果要好很多。但是，只有用拇指实施软组织放松时才能在拉伸之前收紧松弛的皮肤，不过很难充分锁定软组织。主动软组织放松的优势在于，客户可以每天自己在家实施此技术；被动和主动-辅助软组织放松的优势则是能够很容易收紧松弛的皮肤，完成一次有效的拉伸。因此，治疗师应该认真权衡利弊，考虑各种影响因素后制订出合理、高效的治疗方案。

按摩油按摩和主动-辅助软组织放松相结合

软组织放松与按摩相结合的技术由治疗师实施是最容易的。如果客户自己实施主动软组织放松，无论是否使用了按摩油等介质，都要求客户在完成治疗后通过轻揉肌肉组织进行放松。

将主动软组织放松纳入家庭护理计划

治疗师可以将主动软组织放松作为一项非常有用的技术分享给客户，客户可以将它作为家庭护理计划的一部分，同时也可以将它作为治疗计划的有益补充。例如，如果客户每周接受一次软组织放松技术，以缓解肩背部和斜方肌的紧张感，那么在此种情况下，被动或主动-辅助软组织放松技术的效果都很明显。但是，这位客户一周之中还有另外六天要忍受这种不适的感觉。对于很多客户来说，治疗结束后的感觉非常舒适，但因为时隔一周，所以下次治疗之前那些不适症状又会出现，情况严重的更是如此。久坐于计算机前的工作人员或长期驾车的司机由于长时间保持一种姿势，其身体不适的症状很难消除。治疗师将主动软组织放松的技巧分享给客户，可以帮助客户随时随地进行自我放松，使他们能够坚持完成康复计划。此外，许多治疗师发现对自己的前臂做软组织放松很有效，尽管使用得当，但前臂的肌张力还是会比较高，而且容易出现扳机点。

被动软组织放松的关键锁定、锁定点移动和站位姿势

下面介绍给13个身体部位进行主动软组织放松的具体实施细节。这13个身体部位分别是脚掌、腘绳肌、股四头肌、小腿肌群、臀肌、手腕和指伸肌、手腕和指屈肌、肱二头肌、肱三头肌、斜方肌、斜角肌、菱形肌和胸肌。第6~8章有关于对这些部位如何进行主动软组织放松的详细说明，读者可以将主动-辅助软组织放松和被动软组织放松技术进行对比学习。

脚掌

　　坐姿，脚踝放松，并让脚心踩在网球状小球或带刺治疗球上。在球上缓慢伸展脚趾并背屈踝关节。

　　沿着脚掌慢慢滚动小球，找到足底筋膜张力较高的区域，在这个区域来回滚动小球，拉伸脚掌。

　　如果将上述方法作为治疗后的自我康复建议教给客户，请注意，不要让糖尿病患者做这样的主动软组织放松，因为他们脚掌的感觉不灵敏。

腘绳肌

　　仰卧，屈曲膝关节，收紧腘绳肌，十指交叉抓住网球状小球并将它放在腘绳肌上。保持球位置不动，缓慢伸展膝关节。坐骨下方为第一锁定点（用球锁定），然后逐渐向上将锁定点移至膝关节。

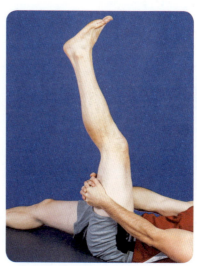

对腘绳肌实施软组织放松技术的另一个方法是：坐姿，将小球置于大腿下方，然后伸展膝关节。

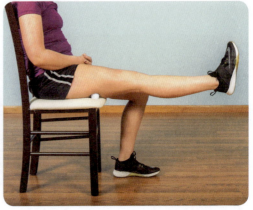

小贴士 做了一个有趣的观察：使用直腿抬升测量腘绳肌的肌纤维长度，然后实施主动软组织放松，仰卧或坐姿均可，之后再次测量腘绳肌肌纤维长度。如果主动软组织放松有效缓解了肌张力并且拉长了肌纤维，那么直腿抬高可能有助于增加髋关节屈曲度。

股四头肌

俯卧，将小球放于大腿下方，并让它在大腿下方前后左右滚动，感受球滚到哪个部位的拉伸感最强。球的滚动顺序为从髋附近逐渐向膝关节靠近。如果想要完成一次横向锁定，可以将小球换成图5.8所示的木质滚筒。

小腿肌群

　　仰卧，腿伸直，将小球放置在小腿肌群下方，如下图所示。轻轻背屈踝关节，产生拉伸感。同样，如果想完成对小腿肌群的横向锁定，可使用图5.8所示的木质滚筒。

　　也可以尝试在坐姿下实施此技术。找两张相同高度的椅子，坐在一张椅子上，腿放在另一张椅子上，在小腿肌群下方放置一个小球，然后背屈踝关节即可完成拉伸。相同高度的椅子可以确保在整个小腿肌群上顺利实施软组织放松技术。

> **小贴士** 治疗师将小腿肌群软组织放松技术教给客户之前，要检查客户的禁忌证。例如，如果客户患有静脉曲张，就不能实施此操作。

臀肌

　　对臀肌实施软组织放松的一个合理的方法是，坐在一个小球上，通过身体的重量形成足够的压力从而完成对某一区域的锁定；另外一个方法是背靠墙站立，将球置于半边臀与墙面之间，然后屈曲髋关节。

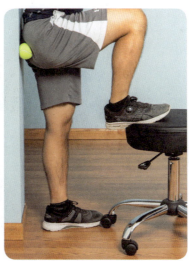

手腕和指伸肌

　　找到手腕和指伸肌肌腹。伸展腕关节，同时让另一只手轻轻锁定肌腹。轻轻施压，朝肘关节方向收紧松弛的皮肤。保持锁定，并缓慢屈曲腕关节。从腕伸肌近端（肘关节附近）至远端（腕关节附近）移动锁定点，反复拉伸手腕和指伸肌。

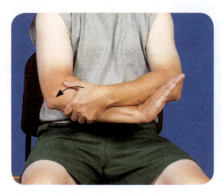 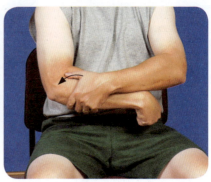

小贴士 *如果在前臂上抹一点按摩油，垫上一块小毛巾，隔着毛巾对锁定点施加压力，就能很容易收紧松弛的皮肤，完成锁定。毛巾的纹理能够帮助我们抓紧要锁定的软组织，这样就可以使用较小的力度完成锁定了。*

　　对腕伸肌实施软组织放松的另一个方法是将前臂放在桌上，手心朝上，将一个小滚筒（图5.8）放在前臂下方，这时需要用另一只手来帮助稳定被治疗的前臂。

图5.8 在主动软组织放松实施过程中非常有用的木质滚筒

 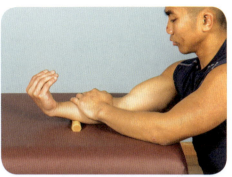

手腕和指屈肌

　　找到手腕和指屈肌肌腹。屈曲腕关节，同时另一只手轻轻往肘关节方向按压，轻轻锁定肌腹。同时缓慢伸展腕关节。由肘关节至手腕方向移动锁定点，反复拉伸手腕和指屈肌。治疗师要提醒客户，如果自己在家做这种拉伸，不需要用力按压手腕，只需按压前臂上部分的指屈肌肌腹。

小贴士　用主动软组织放松技术治疗腕伸肌时，垫上一块小毛巾能够更容易完成锁定。

肱二头肌

屈曲手臂，另一只手轻轻抓住肱二头肌并锁定肌肉。保持锁定，同时缓慢伸展肘关节。

肱三头肌

让一侧手臂伸展，另一只手臂握紧这只手臂的肱三头肌并锁定肌肉。保持锁定，同时缓慢屈曲肘关节。

治疗经验

一位具有丰富工作经验的客户找到我，告诉我她的两只上臂很疼，而且右臂比左臂疼得厉害。经检查，她的肩关节和肘关节活动自如，但是她的肱二头肌和肱三头肌会有触痛。她的工作是为家具做手工打蜡抛光。她工作时，总是用一只手支撑在家具上，另一只手拿一块布将家具擦得光彩照人。于是，我就教她利用主动软组织放松技术治疗自己的肱三头肌，并鼓励她每天工作结束后都要做一次，这样就可以缓解肌肉的紧张感。

斜方肌

靠墙站立，在肩背部和墙面之间放置一个小球，这是对斜方肌实施软组织放松技术的一种方式。但是，斜方肌肌张力较大的区域往往是斜方肌上束，这个位置用小球很难锁定。因此，锁定这部分肌肉的另一个方式是用钩子勾住斜方肌上束。我们可以选择用一把弯头雨伞的伞把来作为钩子。

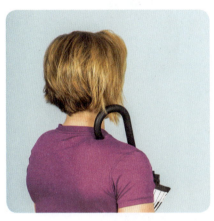

斜角肌

客户通过主动软组织放松技术可以很好地拉伸斜角肌。将头偏向一侧，用两根手指，轻轻按压另一侧锁骨内窝处。治疗右侧斜角肌时，用左手食指和无名指按压右侧斜角肌，头则偏向左侧。治疗左侧斜角肌，则需要用右手食指和无名指按压左侧斜角肌，同时头偏向右侧。教客户此法时，告诉他们不要用力按压颈部正前方。

小贴士 怎样才能完成更大程度的拉伸呢？如果采取仰卧姿势，除了将头转向一侧，还可以通过活动下巴来加强这种拉伸。

菱形肌

对菱形肌实施软组织放松，需要靠墙站立，将球置于菱形肌一侧，与墙壁之间形成锁定，抬起这一侧手臂，屈曲肩关节，以达到拉伸肩胛骨的目的。然后重复以上操作，对身体另一侧实施拉伸。

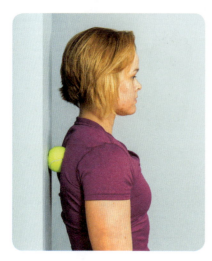

小贴士 当来回移动时，夹在背部与墙壁之间的小球容易掉下来。解决这个问题的一个方法是，将小球装在一只长筒袜中，一只手抓住袜子，这样小球就不会掉了。另一个方法就是使用绳球。

胸肌

利用主动软组织放松治疗胸肌时，一侧手臂自然垂于体侧，另一只手朝胸骨方向轻轻收紧胸肌处松弛的肌肉，保持锁定，同时外展垂于体侧的手臂，外展幅度越大，完成的拉伸越大。

治疗经验

一位客户是装卸工，他每天负责从货盘上卸下一些中等型号的包裹，然后扛到仓库里，再摆放到货架上。经过姿势评估发现，他的肩胛骨下垂并有轻微的驼背。治疗师建议他每天下班后利用主动软组织放松技术拉伸胸肌，并结合扩胸运动，缓解症状。他还需要做上肢运动来加强练习以纠正其错误的姿势。

主动软组织放松安全操作指南

主动软组织放松是安全有效的软组织放松方式。不过，在实施这种放松方式之前，了解相应注意事项是很有用的。因为在某些情况下，身体要承受的压力比较大。

■ 如果近期受过外伤或者皮肤容易擦伤，应避免实施主动软组织放松。

■ 对脚底筋膜做主动软组织放松时，身体的重量不要过多转移到球上。不要直接站在球上，因为这样会让人失去平衡摔倒。

■ 患有足底筋膜炎、网球肘或高尔夫球肘的客户用主动软组织放松进行自我治疗应慎重。拉伸应轻缓，时间不超过3分钟。大多数人发现采用主动软组织放松可以有效缓解不适感。不过，如果进行主动软组织放松后的12小时之内情况开始恶化，切忌再次进行软组织放松。避免对反应比较迟钝的身体部位进行主动软组织放松。

■ 如果脚部反应不够灵敏，不能对脚掌实施软组织放松技术。

■ 如果患有静脉曲张，不能对小腿肌群实施软组织放松技术。

■ 如果大腿背面有静脉曲张现象，不能对腘绳肌实施软组织放松技术。

■ 不能对患有骨质疏松或疑似患有骨质疏松的客户实施软组织放松技术。

■ 软组织放松是一种非常有效的方法，但不要过度拉伸任何部位。对某部位实施2~3次软组织放松之后应该适时停止。如果拉伸完这个部位，第二天有酸痛感，则不可以对该部位再做软组织放松。

■ 关节固定后对周围的软组织进行拉伸治疗时要特别注意。如果用石膏固定，皮肤会更加脆弱，该部位的皮肤可能非常容易破损。

■ 赛前避免进行深层主动软组织放松。赛前通过软组织放松腘绳肌确实有积极效果，不过应避免深层拉伸，因为深层的拉伸会削弱肌肉力量。

■ 用拇指锁定进行软组织放松，例如治疗腕伸肌和腕屈肌时，要特别小心。这些肌肉比较小，拉伸时只需较小的压力就可以锁定这些肌肉。如果你发现用拇指锁定会引起拇指疼痛，应改用被动软组织放松，或者换一种锁定方式。

何时实施主动软组织放松

可以在日常拉伸训练时，隔着衣服对身体各个部位实施主动软组织放松，或者用主动软组织放松来消除扳机点——在扳机点上放一个球或者其他按摩工具，轻轻压住扳机点后拉伸。

表5.1提供了对某些部位进行主动软组织放松治疗的有用建议。

表5.1　主动软组织放松的适用情况

部位	适用情况
足底筋膜	■ 用于治疗足底筋膜炎 ■ 长时间站立后的恢复 ■ 运动后，如跑步或行走后 ■ 治疗肌肉痉挛 ■ 踝关节扭伤后帮助足底筋膜恢复柔韧性 ■ 关节固定后的治疗，如跟腱断裂之后的治疗，帮助脚部肌肉恢复柔韧性
腘绳肌	■ 用于治疗肌张力较高的腘绳肌 ■ 久坐后需要恢复活力的肌肉 ■ 用于膝关节固定后，增加膝关节活动度
股四头肌	■ 股四头肌参与的运动之后，如行走、跑步或原地踏步之后 ■ 长时间站立之后
小腿肌	■ 在小腿肌群完成大运动量之后，如网球、跑步或篮球运动后 ■ 踝关节固定治疗之后
手腕和指伸肌，以及指屈肌	■ 用于打字员 ■ 用于网球运动员（伸肌）、高尔夫球运动员（屈肌）和驾驶员（屈肌） ■ 搬运重物之后 ■ 用于运动中需要抓握的项目，如攀岩或划船 ■ 用于按摩治疗师 ■ 腕关节或肘关节固定治疗之后
肱二头肌	■ 用于需要肘关节反复屈曲的运动，如划船、挖掘或搬运 ■ 肘关节或肩关节固定治疗之后
肱三头肌	■ 用于需要肘关节不断屈曲的运动，如网球 ■ 用于按摩治疗师 ■ 肘关节或肩关节固定治疗之后

利用主动软组织放松治疗扳机点

利用主动软组织放松技术能有效治疗扳机点。其中一个原因是，与被动或主动-辅助软组织放松相比，主动软组织放松可以比较频繁地实施，而另外两种技术通常是每周做一次。即使客户不熟悉扳机点，也能很快学会识别扳机点。教客户识别扳机点时，重要的是要让客户知道，施加在扳机点的力度应该刚好引起不适感，而不是痛感。由于大部分客户不具备解剖学知识，所以治疗师有必要建议客户按压扳机点的力度不要过大，也不要按压到骨骼或静脉。客户如果在按压扳机点时过度用力而引发疼痛，对肌肉放松是起反作用的。显然，感觉不舒服或受了伤的客户是不能进行主动软组织放松的，除非他们本身就是治疗师，可以判定在何种状况下应用该技术。

当治疗师给客户讲解利用主动软组织放松治疗扳机点的方法时，以下步骤可以作为参考。

1. 收紧即将实施软组织放松的肌肉，并利用这块肌肉给客户解释清楚这个概念。
2. 告诉客户如何通过触诊确定扳机点的位置。如果扳机点位于客户背部，自己触诊定位几乎是不可能的，这时可以借助一个小球。客户可以将小球夹在自己的背部和墙之间，来回移动身体，即可找到扳机点。
3. 用手轻轻按压扳机点，当感觉到轻微的不适，而不是疼痛时，即可开始操作。
4. 保持锁定，轻轻拉伸肌肉及肌纤维。
5. 解除锁定，轻轻按揉以缓解该区域的不适感。
6. 继续按压扳机点，重复上述动作，对每个扳机点重复操作3 ~ 4次。

治疗师在必要的部位实施被动或主动-辅助软组织放松技术治疗扳机点，目的是让客户理解扳机点治疗的过程和方法。同时，还要告知客户，随着扳机点逐渐被治愈，寻找按压时的不适感将会变得更困难，扳机点的位置也更加不容易确定。扳机点很难在一个疗程内被治愈，但假以时日是能够完全康复的。重要的是，客户应该坚持记录自己利用主动软组织放松技术治疗扳机点的过程，这样就可以知道自己在这一过程中出现的问题，并且了解主动软组织放松技术在减轻扳机点痛苦的过程中是否有效。

如何熟练使用被动软组织放松技术

表5.2是主动软组织放松技术应用的概述。以下几点能够帮助读者充分练习这一技术。

- 练习使用不同的工具锁定软组织。例如，试比较使用网球状小球和使用绳球进行锁定的区别。
- 通过练习，确定那些难以实施主动软组织放松技术的部位。在这些部位即使使用治疗工具也不奏效，因此这些部位更适合使用被动或主动–辅助软组织放松技术。
- 练习使用按摩介质。使用按摩油或按摩蜡后，将面巾盖在上面，然后实施锁定。此方法尤其适合锁定腕伸肌。
- 辨别锁定时引起的不适感，思考一下原因：是没确定好位置，还是锁定的方法不正确而引起不适？
- 在每个部位进行练习的次数不能少于两次。

小问题

1. 待拉伸的肌肉应该如何缩短？
2. 是先收缩再锁定待拉伸的肌肉，还是先锁定再收缩？
3. 拉伸肌肉时怎样确定锁定点的移动方向？
4. 如果我的皮肤很容易擦伤，我可不可以做主动软组织放松呢？
5. 对同一块肌肉做主动软组织放松的时间可以持续多久？

表5.2 主动软组织放松技术应用概述

脚掌	腘绳肌		股四头肌
坐姿 带刺的治疗球	仰卧 小球	坐姿 小球	俯卧 小球

小腿肌群	臀肌	手腕和指伸肌	
仰卧 小球	站姿 小球	坐姿 拇指	坐姿 滚筒

手腕和指屈肌	肱二头肌	肱三头肌	斜方肌上束
坐姿 拇指	坐姿 抓握	坐姿 抓握	坐姿 雨伞的弯把

斜角肌	菱形肌	胸肌	
仰卧 手指	站姿 小球	坐姿 指尖	

实施软组织放松

第3部分共有3章，主要介绍对身体各肌肉实施软组织放松的具体方法。第6章讲述如何对躯干肌肉实施软组织放松，包括菱形肌、胸肌、肩胛提肌、斜方肌上束、竖脊肌和斜角肌。第7章专门介绍下肢部位软组织放松的实施办法，从中可以学习如何对腘绳肌、小腿肌群、脚掌、股四头肌、胫骨前肌、腓骨肌、臀肌、髂胫束和髂肌做软组织放松。第8章讲述如何对上肢肌肉做软组织放松，包括如何拉伸肱二头肌、肱三头肌、肩内收肌、冈下肌、手腕和指伸肌、手腕和指屈肌。

每章开头都有一张一览表，表中概述了本章涉及的所有肌肉，有助于读者辨别，而且还介绍了每部分肌肉适用的软组织放松治疗形式。

每一章都详细介绍了各部分肌肉，展示了常见扳机点的位置，以及这些扳机点会在哪里引起疼痛，如何定位扳机点和扳机点持续存在的原因，还介绍了减轻扳机点疼痛的方法；利用照片展示起始和结束姿势，并提供动作分解细节，还介绍了每种拉伸方式的优缺点。书中对大部分肌肉做了详细介绍，并配以照片说明治疗这些肌肉时客户应选取的恰当的姿势：俯卧、仰卧、侧卧、坐姿和站姿。此外，每章还提供了非常多的小贴士及治疗经验，用真实发生的事例说明实施某些拉伸操作的原因以及获得的效果。每章末尾列有相关问题，可检测你对每章知识的掌握程度。从任意一章开始学习这3章内容都可以帮你掌握3种软组织放松方式的实施办法。

第6章

躯干软组织放松

　　本章主要讲述如何对躯干肌肉实施软组织放松。本章采取对比的形式，讲述对躯干每个主要肌群做被动、主动－辅助和主动3种不同方式的软组织放松的步骤。文中还对每块肌肉常出现的扳机点做了详细说明。正如第3、第4、第5章一样，本章也设计了一览表，概要介绍对每块肌肉应用软组织放松技术的情况。表中还展示了针对每块不同的肌肉应该采取哪种形式的软组织放松技术：被动、主动－辅助或主动软组织放松（表6.1）

表6.1　躯干肌肉适用的软组织放松类型

肌肉	被动软组织放松	主动－辅助软组织放松	主动软组织放松
菱形肌	√	—	√
胸肌	√	√	√
肩胛提肌	—	√	—
斜方肌上束	—	√	√
竖脊肌	—	√	—
斜角肌	—	√	√

　　■　被动软组织放松：菱形肌和胸肌适合做被动软组织放松。颈部软组织则更适合做主动－辅助软组织放松，因为客户可以根据自己的感受及时调整动作的幅度。

　　■　主动－辅助软组织放松：这是一种可以安全拉伸胸肌、肩胛提肌、斜方肌上束、竖脊肌和斜角肌的放松方式。菱形肌也可以用这种方式来拉伸，不过让客户在俯卧位对菱形肌做主动－辅助软组织放松，容易使菱形肌疲劳。对于治疗师来说，对菱形肌做主动-辅助软组织放松也有一定难度，因为菱形肌的体积相对较小，向心收缩时长度进一步缩短，所以菱形肌非常难锁定。因此，本章没有关于对菱形肌实施主动-辅助软组织放松的相关内容。

■ 主动软组织放松：对躯干肌肉的拉伸、放松通常放在整体的拉伸训练中，拉伸躯干肌肉时一般不采用主动软组织放松，因为靠自己锁定躯干肌肉比较困难，正确锁定躯干肌肉必然会引起身体其他部位张力增大。

本章后续将详细说明对躯干肌肉做被动、主动-辅助或主动软组织放松的具体流程，同时还提供这3种软组织放松技术的小贴士，以及应用时的优缺点。

菱形肌上的扳机点

菱形肌上的扳机点（图6.1）会引起菱形肌区域的疼痛，也会导致冈上肌出现不适症状。通过触诊定位菱形肌扳机点的较好方法就是屈曲肩关节，同时舒展肩胛骨。对菱形肌实施软组织放松技术时，客户伸展肩胛骨有利于找到扳机点，无论客户处于俯卧位（被动软组织放松）、坐姿（主动－辅助软组织放松）还是站姿（主动软组织放松）。通过肩胛骨内侧缘和脊柱之间的菱形肌寻找扳机点。对于大部分人来说，菱形肌比较长且无力，可以对其实施软组织放松，但治疗师实施之前还是要确定是否可以对客户实施

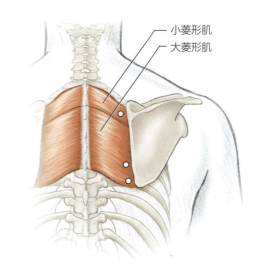

小菱形肌
大菱形肌

图6.1 菱形肌上的扳机点

此技术。在治疗师开始操作之前，要做详细的记录，看客户是否有驼背问题，驼背问题与肩胛骨伸展和菱形肌无力有关。如果治疗师不知道如何评估客户的身体状况，可以参照《姿势评估》（*Postural Assessment*）（Johnson, 2012）。

当遇到胸椎弯曲的客户，治疗师可以用任何一种软组织放松技术（被动、主动－辅助或主动）治疗扳机点。先找到扳机点，保持锁定，然后拉伸软组织。如果客户菱形肌存在活跃扳机点，那么通常其斜方肌上束肌纤维中也有活跃的扳机点，充分、有效地解除这些扳机点十分重要。如果客户存在驼背问题，可以通过轻轻按压来解除扳机点，但之后请勿过度拉伸肌肉，而是需要为客户制订计划，加强菱形肌和斜方肌下束肌纤维的力量练习。

蒂瓦里等人（Tewari et al., 2017）的报告中说明了他们是如何解除一位客户左侧菱形肌和左侧竖脊肌上的两个扳机点的，这位客户患有埃勒斯－当洛斯综合征（由运动过度造成的一种疾病），他长期忍受上背部疼痛。于是治疗师在其扳机点注射了利多卡因，并且要求他每天进行两次10分钟的深度按摩。7天后，该客户感觉其疼痛已经缓解了60%～80%。这一结果可以用视觉模拟疼痛量表衡量。

博塔（Botha, 2017）比较了缺血性压迫与使用泡沫滚轮解除菱形肌中扳机点的方法；30例受试者随机分为压迫或泡沫滚轮组。在6周内进行6次治疗，并进行主观（问卷和VAS）和客观（压力测痛仪）测量。博塔得出的结论是：两种治疗方法在解除扳机点方面同样有效，均不具有优效性。

被动软组织放松：俯卧拉伸菱形肌

第1步： 客户俯卧在治疗床上，肩膀可以自由屈曲。为了让肩关节更好地完成屈曲动作，可以让客户躺在床的对角线上，一只手臂悬在治疗床一侧，分别让头和脚放在对角线的两端。客户摆好姿势后，治疗师握住客户手臂，让客户肩胛骨被动收起，菱形肌被动收缩（图6.2）。客户的头朝向左边或右边，只要客户感觉舒适即可。

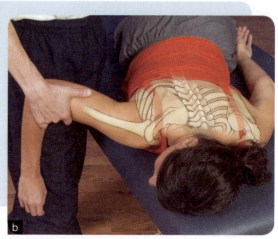

图6.2 抬起客户手臂（a），使客户的菱形肌被动收紧，更靠近脊柱（b）

第2步： 治疗师握住客户手臂，保持菱形肌被动缩短，另一只手放在菱形肌上面朝脊柱方向按压以锁定肌肉（图6.3）。骨架如图6.2b所示，此时肩胛骨沿肋骨向外。这也是为什么按压时应该朝脊柱方向用力，而不是垂直向下压。垂直向下的压力容易插入肋间，客户会非常不舒服。

第3步： 治疗师保持锁定，仍然将锁定点压力朝向脊柱，同时慢

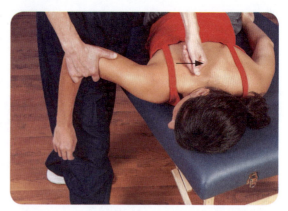

图6.3 压力应朝向脊柱方向

慢放下客户手臂呈屈曲姿势（图6.4a），此时肩胛沿胸腔伸长（图6.4b），菱形肌得到拉伸。

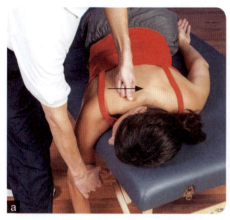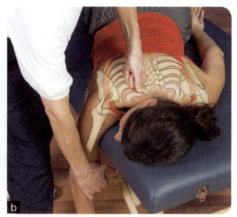

图6.4 （a）被动屈曲手臂，（b）沿胸腔伸展肩胛骨

菱形肌体积相对较小，治疗师不能像对其他肌肉一样沿肌肉边缘逐步移动锁定点。因此，可以在菱形肌的任意位置选定新的锁定点然后拉伸。若要解除这里的扳机点，则需要治疗师在拉伸之前，用拇指或其他手指轻轻按压扳机点。

小贴士 你需要调整客户姿势，确保客户肩膀屈曲。因为如果客户姿势不正确，这个拉伸操作会对客户腋窝下的臂丛造成压力，引起不适感，有时会使客户手指产生暂时的麻木或刺痛感。当然，这种感觉会在治疗师调整客户姿势后消失。

如果发现用拳头锁定菱形肌会引起手腕不适，可以改用前臂锁定菱形肌。这一区域骨骼较密集，所以不要用肘关节锁定。

当治疗师选取这种姿势为客户的菱形肌实施主动-辅助软组织放松时，会有一个小问题——客户主动收缩、伸展肩胛骨，会感到疲惫。并且，治疗师此时也要注意自己的站位——要站到客户手臂的活动范围之外。所以，治疗师站在治疗床的床头比站在床的一侧要好。而且在这个位置，治疗师还可以用多个手指完成加强锁定。

治疗经验

在治疗一位肌肉特别大块的女划船运动员时，我发现客户呈俯卧位时，对其菱形肌做主动–辅助软组织放松效果特别好。通过主动–辅助软组织放松结合按摩油按摩技术，加上客户肌肉比较强健有力，我就可以用肘部锁定客户的肌肉，并拉伸肌张力较高的部分。不过，因为无法牢固地锁定裸露的皮肤，所以我用了一条毛巾以更好地锁定客户的菱形肌。

优点：

- 可以借助杠杆作用更好地锁定肌肉。
- 治疗时伸展肩胛骨可以很好地控制菱形肌，对治疗扳机点也很有效果。

注意事项：

- 如果客户姿势错误，这个拉伸操作会使客户腋窝下的臂丛受到额外压力，引起不适。
- 抬起和放下客户手臂时要确保自己的姿势正确，错误的姿势会伤到治疗师的背部。
- 这个拉伸动作与按摩油按摩结合相对困难，因为在这部位的拉伸操作中，客户需要躺在治疗床的对角线上，并且在治疗过程中，需要多次挪动客户的身体。
- 由于存在杠杆作用，有时候锁定的力度会特别大。按摩肋骨上方的肌肉时，锁定肌肉的力度太大，客户会非常不舒服。
- 除非你的客户常进行体育运动，否则不需要拉伸菱形肌。例如，很多驼背客户都有圆肩等姿势问题，圆肩客户的菱形肌已经被拉长了，对于这类客户，便没有必要拉伸菱形肌了。

被动软组织放松：坐姿拉伸菱形肌

第1步：客户舒适地坐在椅子上，治疗师一只手抓住客户手臂使肩胛骨被动收缩，菱形肌缩短。另一只手放在客户的菱形肌，朝脊柱方向按压，将菱形肌较为松弛的部分锁定（图6.5a）。治疗师可以尝试抓住客户手臂的不同位置，有时可以将客户前臂搭在自己的手臂上，这样可以让客户将手臂的重心放到自己手臂上，从而放松。随着肩胛骨伸缩，治疗师实施锁定的空间就会变得很小（图6.5b），因此，治疗师需要进行不同的尝试，才能找到自己和客户都感觉舒适的位置。

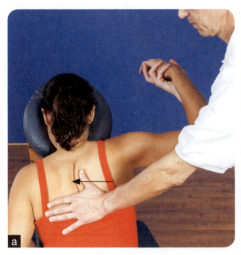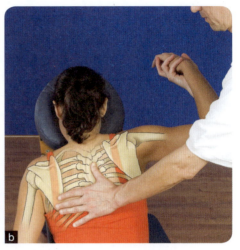

图6.5 帮助客户伸缩肩胛骨时，朝脊柱方向收紧松弛的皮肤（a），并收紧菱形肌（b）

第2步：治疗师保持锁定，同时使客户手臂呈屈曲姿势，被动延长肩胛骨（图6.6）。

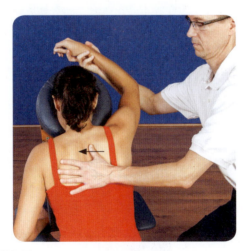

图6.6 客户被动伸展肩胛骨

如果治疗师希望通过软组织放松技术解除客户扳机点，简单的方法就是在帮助客户伸展肩胛骨的同时，通过触诊解决问题。为了便于实施，治疗师可以要求客户双臂交叉拥抱自己，这样治疗师的双手就可以锁定扳机点，然后按照上述讲解步骤完成软组织放松。

小贴士 完成上述操作的简单方法就是在待操作区域涂抹按摩油，之后让客户穿上一件旧衬衣，治疗师隔着衬衣实施锁定就会变得非常容易。

优点：

- 这个姿势的杠杆作用较小，锁定力度过大的可能性不大。因此这个方法适用于对压力特别敏感的客户。
- 这个姿势也适用于不能俯卧的客户。

注意事项：

- 治疗师用拇指锁定，会造成拇指关节损伤。因此，对治疗师来说，尽量施加较小的压力，或少应用此方法。
- 为手臂较长且体重很重的客户实施此被动软组织放松会比较困难。
- 有些客户发现自己在接受被动软组织放松时无法完全放松身体，总会不自觉地收紧四肢肌肉。
- 客户在坐姿状态下，躯干背面的肌肉不如俯卧时放松。

客户在坐姿状态也可以实施主动-辅助软组织放松技术。但是，实施过程中，治疗师要站在客户的正后方，这样做是为了给客户在水平屈曲或伸展手臂时提供足够的空间。这样的站位使治疗师很难在锁定菱形肌时，朝脊柱方向收紧客户松弛的皮肤，而这又是实施该技术必不可少的操作环节。

利用主动软组织放松技术治疗菱形肌：站姿

第1步：背靠墙站立。在背部菱形肌和墙壁之间放置一个绳球或一个质地较硬的小球（图6.7）。如果教客户使用这个方法实施主动软组织放松，就需要告知客户避开脊柱。肩胛背神经是围绕肩胛骨内侧边缘分布的，因此也要避免在此处施加压力。

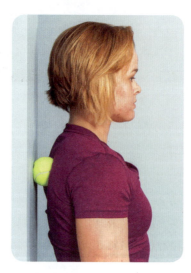

图6.7 在背部菱形肌和墙壁之间放置一个球

第2步：先将手臂置于身体两侧。调整小球的位置，使其正好位于菱形肌处，此时抬起手臂水平屈曲肩关节，伸展肩胛骨（图6.8）。

图6.8 伸展肩胛骨以拉伸菱形肌

优点：

- 只要有墙壁就可以实施此主动软组织放松技术。因此，如果长期实施此技术对缓解扳机点痛苦会有很好的疗效。

注意事项：

- 在同一部位的肌肉反复实施主动软组织放松技术或施加过大的压力会引起不适或疼痛。
- 该技术不适用于骨质疏松症患者或向后肋骨施加压力可能导致不适的患者。

治疗经验

　　我曾教一个客户如何积极使用软组织放松技术来治疗他的菱形肌。由于他每天的工作就是把长木板从卸货的吊车处运到制作家具的车间，他的菱形肌张力很大。他每次把木板放在肩膀上，一次搬一块，为了平衡和稳定木板，他一只手扶着前面，另一只手扶着后面。这样的姿势让其经常在后面扶着木板的手臂一侧的肩胛骨非常需要得到收缩。因此，我将此方法教给该客户，并让他每天练习以缓解疼痛。

胸肌上的扳机点

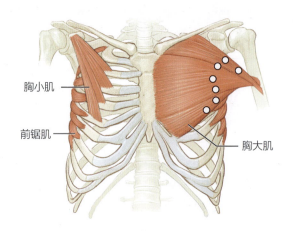

图6.9 胸大肌和胸小肌上的扳机点

扳机点遍布整个胸大肌。图6.9展示的是那些分布在锁骨、胸骨近端和侧面肌肉上的扳机点。锁骨前侧和三角肌前束会出现局部疼痛。胸骨近端疼痛指的是前胸侧以及手臂下方靠近身体的一侧，尤其是肱骨内侧髁出现的疼痛。疼痛加重时甚至可以辐射到同侧手掌的小指和无名指。外侧的扳机点位于腋窝前面，会导致胸部变得更敏感或疼痛。

在胸小肌上部和下部的扳机点会引起三角肌前部的疼痛，同时胸部和手臂的前内侧也会出现疼痛。胸小肌的扳机点会牵拉肩胛骨的喙突，使肩胛骨出现向前的倾斜，进而导致该肌肉的张力增加，引起肩胛下角翘起。该肌肉的张力状态也会影响肩胛骨的旋转，这是肩胛胸臂关节出现功能障碍的主要原因，同时，影响肩关节的运动会导致运动者在运动的过程中出现肩部损伤。

胸大肌长期处于紧张的状态，会导致扳机点增加进而诱发疼痛。圆肩驼背的客户的胸大肌是短缩且紧张的。在这样的姿势下，菱形肌和斜方肌的中、下束的肌纤维出现无力的状态就很常见，而这些肌肉的扳机点也是由于肌肉长期处于被拉长的状态进而导致无力而产生的。胸大肌的扳机点会引起肩关节的活动度减小甚至出现疼痛。胸小肌的扳机点也可能是由身体的不良姿势和呼吸的主要辅助肌肉（斜角肌）出现功能障碍引起，如长时间错误的呼吸导致这些肌肉用力过度。

触诊胸大肌的扳机点并对其进行治疗时，让客户仰卧，手臂外展90°左右。用指腹沿着肌纤维走向进行触诊，从锁骨部分开始，随着肌纤维方向而改变方向。如果用食指和拇指轻轻地捏住腋窝的前部，更容易触摸到胸肌外侧的扳机点。触诊胸小肌的扳机点时，先让胸大肌处于被动收缩的状态。

客户仰卧，将客户的手臂外展并在手臂下方垫上枕头或卷起的毛巾。然后通过肌肉的附着点喙突开始触诊胸小肌并寻找肌肉上的扳机点。治疗师可以将大拇指放在客户的胸大肌上，其他手指配合拇指轻轻抓住胸大肌，这样就可以找到胸肌区域位置较低的扳机点。让客户主动抬高肩膀会提升胸肌的张力，这样更容易分辨出胸大肌区域扳机点的具体位置。

消除胸大肌扳机点的研究关注乳房切除的术后患者在临床中的效果。信等人（Shin et al.，2014）对19名乳房切除的术后患者在实施超声引导针刺胸大肌和冈下肌扳机点的有效性进行了检测，这些患者均在术后出现肩痛和手术侧肩关节活动受限的症状。此外，所有患者都被要求在一天中拉伸20次，尽管没有明确指出具体进行哪种拉伸。与基准的测量值相比，首次注射和末次注射的3个月后，患者的视觉模拟疼痛量表的得分情况和肩关节活动度均得到改善。在一份病例报告中，卡明斯（Cummings，2003）提供了一位患者详细而有趣的描述，该患者在英国医学针灸协会伦敦教学诊所就诊，手臂持续疼痛5个月，疼痛一直向下延伸至右侧前臂的尺骨侧面，以及右侧手掌的第四根和第五根手指。作者在胸大肌的下束部分发现一些压痛点，将其视为扳机点；然而作者指出，该症状可能来自胸大肌下束和肋间臂神经术后损伤引起的神经性疼痛。一些疼痛在第一次针刺后立即得到缓解，所有症状在2周后缓解；对于未进行进一步针刺的患者，作者会为其制订一个在家进行主动拉伸的康复方案。

学习并使用本章提供的软组织放松技术可解决大多数客户的问题，特别是那些圆肩驼背的客户。如果要使用软组织放松技术来治疗扳机点，则需要使用手指锁定并按压扳机点。对于做过乳房切除且主诉出现肩部或手臂疼痛的术后患者，而治疗师也找到了扳机点的具体位置，则可以考虑使用短暂缺血式的加压法，或轻柔地压迫扳机点，同时结合温和的拉伸方式来实施软组织放松技术。

用被动软组织放松技术治疗胸大肌：仰卧位

第1步：客户仰卧，治疗师将其手臂水平屈曲，同时用松拳锁定肌肉组织，松拳的按压方向应该朝向胸骨而不是垂直压向下直接按压肋骨，如图6.10所示。治疗师在实施操作前，应该向客户说明自己将用松拳锁定的位置，因为这个位置属于客户的隐私部位。

小贴士 如果治疗师感觉很难直接用手锁定这个位置，可以在肌肉上涂抹一些按摩油，然后将毛巾对折两次后置于待治疗的肌肉之上，之前涂抹的按摩油可以帮助治疗师很好地锁定松弛的肌肉。

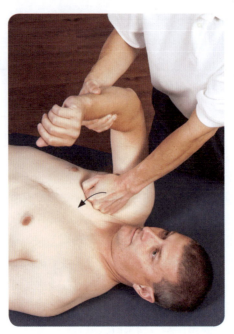

图6.10 将客户手臂水平屈曲，以收紧胸大肌

第2步：保持锁定，将客户手臂从水平屈曲状态逐渐调整成自然状态（图6.11）。

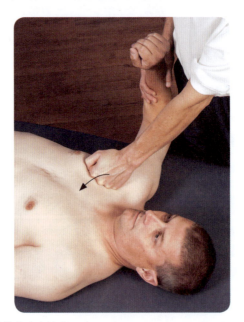

图6.11 保持锁定，拉伸客户肩关节

治疗师的动作幅度很小，只用轻微的手臂位置变化让客户感觉这种拉伸，如图6.10和图6.11所示。如果治疗女性客户，治疗师需要更关注胸大肌上束肌纤维组织，避免对客户的乳房软组织施加压力。如果治疗男性客户，治疗师可操作的范围就相对大一些。

小贴士 施加压力时，注意压力方向，不要垂直于肋骨直接向下施压。如果对于待治疗区域来说，治疗师的拳头过大，那么可以选择用手指进行锁定，加大力度时可以轻轻将双手的手指叠放在一起。

有的客户不会立刻感觉到被拉伸。因此，治疗师在学习这一技术时，就应该尝试从不同角度施加压力，并且练习对客户的手臂进行不同程度的拉伸。驼背的客户能够立刻感受到胸部肌肉的拉伸感，因为他们的胸肌一直处于短缩的状态。

优点：

- 将这个拉伸操作整合到整体按摩治疗中相对比较容易。

注意事项：

- 需要不断尝试，才能准确地朝胸骨方向而不是肋骨方向按压胸肌。
- 也许你的手掌太大，用拳头无法锁定胸肌，特别是遇到那些体格较小的客户。这种情况下，就需要改用手指，但是要提前多加练习用手指锁定胸肌，因为用手指锁定胸肌容易插入肋间隙。
- 需要不断尝试才能找到手臂的外展角度以拉伸胸肌，并且针对不同的客户，外展角度也不同。
- 对胸部发育良好的女性客户实施这个拉伸操作会比较困难。
- 为体格较大的客户进行此拉伸操作时，很难找到正确的支撑客户上肢的方法。
- 对胸肌大块且非常发达的客户进行被动软组织放松，客户很难有拉伸感，锁定此类客户的胸肌需要非常大的力气。

用主动－辅助软组织放松技术治疗胸大肌：仰卧位

第1步：要求客户抬起手臂，越过身体，主动收缩胸大肌。治疗师手握松拳，放在客户的胸肌上，朝胸骨方向施加压力并锁定胸肌（图6.12）。

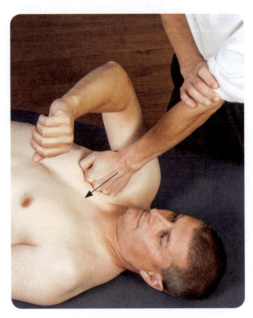

图6.12 在治疗师轻轻锁定肌肉组织时，客户主动收紧胸大肌

第2步：保持锁定，要求客户活动手臂并拉伸胸肌。手臂从水平屈曲状态伸展至自然状态（图6.13）。

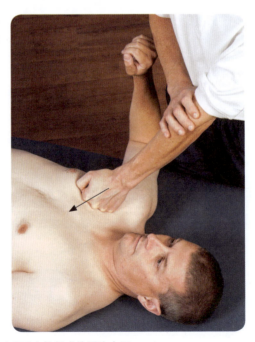

图6.13 客户主动移动手臂来拉长或伸展胸大肌

第3步：松开锁定，每侧胸肌重复第1、第2步各3次。

若想在使用被动软组织放松技术治疗胸大肌的同时消除扳机点，就需要治疗师用指腹锁定扳机点。

优点：

- 客户可以准确指出被拉伸的具体部位。
- 治疗师可以双手握松拳同时按压或加大手指的按压力度以增大锁定力度。

注意事项：

- 客户移动手臂拉伸胸肌的同时，治疗师站在同侧帮他锁定胸肌，为了不妨碍客户活动手臂，治疗师需要不停躲避。不过，客户一旦找准了手臂具体的拉伸位置，便可以持续对该区域进行放松。

用主动软组织放松技术治疗胸肌：坐姿或站姿

第1步：手臂置于身体一侧，坐姿或站姿，另一只手将胸肌处软组织朝胸骨方向拉拽（图6.14）。隔着衣服实施此锁定方法很困难，赤裸上身实施软组织锁定更容易一些，但是更容易的方法是在皮肤上涂抹一些按摩油，然后隔一块布或旧衬衣实施软组织的锁定。

图6.14 锁定胸肌处组织实施软组织放松技术

第2步：保持锁定的状态下，客户轻轻外展手臂，完成一次拉伸（图6.15）。不断改变手臂外展的角度，以找到拉伸效果最佳的位置。

图6.15 主动外展手臂，用主动软组织放松技术拉伸肌肉

为了解除胸肌侧面的扳机点，可以用手指轻捏腋窝的前部，通过反复触诊找到扳机点的具体位置。保持这种抓握锁定，同时外展手臂。为解除肌肉上其他位置的扳机点，可将质地较硬的小球置于肌肉上，并来回滚动，找到扳机点。将小球置于锁定点，然后让客户外展手臂。例如，如果治疗左侧胸肌上的扳机点，可用右手将小球轻轻压在扳机点上并外展左臂实施拉伸。

肩胛提肌上的扳机点

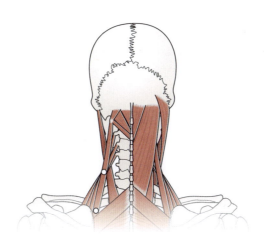

图6.16 肩胛提肌上的扳机点

肩胛提肌上的扳机点（图6.16）会引发肩胛骨中部出现局部疼痛，甚至会牵涉及肩关节的后部。当扳机点产生的疼痛比较严重时，不仅会影响颈椎的旋转，还会导致颈椎变得僵直。有许多因素会导致扳机点持续存在，包括总背单肩包，长期保持头部略微偏向一侧的姿势，使用过高的拐杖以及让手臂重复过头顶的动作都容易引发身体在向前走的过程中保持肩部抬高。这种情况下，在肩胛提肌的区域更容易找到相应的扳机点。容易辨识的两个扳机点是在肩胛骨比较靠下的两个点，它们位于肩胛骨上缘凸起的区域与肌肉连接的位置。通过触诊可以找到肩胛提肌处更靠上的扳机点——临近斜方肌上束的前缘区域。

小贴士 在肌肉处于被动收缩的状态下对斜方肌上束进行触诊很容易找到扳机点。例如：客户处于坐姿时，让其将手臂撑在桌子上，再通过触诊找扳机点；客户处于俯卧位时，则需要将一条小毛巾垫在客户待操作的一侧肩膀之下；当客户呈侧卧位时，则需要将客户身体上方的手臂放好，以减小肩膀的压力；当客户处于仰卧位时，斜方肌处于放松状态，这时候也可以通过触诊找到位于斜方肌上方的扳机点。

在一个随机的临床试验中，迪米斯特等人（De Meulemeester et al.，2017）将42名女性办公室职员作为实验对象，分成两组，对其实施干针疗法和手动施压两种方式治疗扳机点，并将结果做比对。这些受试对象每周都会在计算机前工作20小时以上，而且都有颈部肌筋膜疼痛综合征和肩膀疼痛的症状。实验人员使用视觉模拟疼痛量表、颈部残疾指数、压力疼痛阈值和肌肉特征进行基线测量。他们找到肩胛提肌上的6个扳机点并对其进行治疗，受试对象每周接受1次治疗，治疗持续4周。在研究结束时，两组实验结果并没有十分明显的区别。受试对象反映治疗扳机点在缓解疼痛、恢复肌肉的弹性和改善肌肉僵硬程度方面均有明显的效果。

利用本章讲解的主动−辅助软组织放松技术治疗肩胛提肌的扳机点是一个很理想的方式。为了达到最佳效果，治疗师可能需要治疗斜角肌和颈后肌群的扳机点，因为这些扳机点会限制肩胛提肌的活动并可能抑制该肌肉处于完全放松的状态。

利用软组织放松技术治疗肩胛提肌很有效，尤其是对于颈部僵直或肩关节有问题的客户。这种操作方法对于颈部是安全的，因为拉伸动作是客户主动实施的，客户感觉到不舒适随时可以叫停，所以不会造成过度拉伤的情况。

用主动−辅助软组织放松技术治疗肩胛提肌：坐姿

第1步：治疗师通过触诊找到位于肩胛骨内侧边缘的肩胛提肌的起点位置（图6.17a）。注意这里离扳机点比较近，如果不靠近扳机点，就要尽可能轻轻地按压，力度太大会引发疼痛。

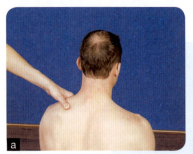
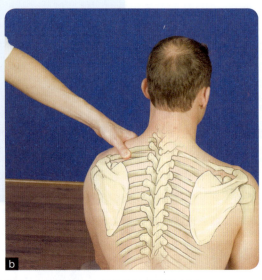

图6.17 通过触诊找到位于肩胛骨上缘内侧（a）和肩胛骨凸起处的肩胛提肌（b）

第2步：图6.18展示的肩胛提肌是带状肌肉，且长期处于肌张力较高的状态（极其紧张的状态）。长期保持头部前倾姿势的客户，该肌肉会比较长，他们处于俯卧位时可以减少该肌肉的疲劳。

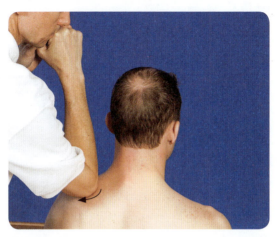

图6.18　用肘部轻轻锁定肩胛提肌

第3步：保持锁定，让客户将头向另一侧转45°，然后微收下颌，眼睛看向地面（图6.19）。重复该步骤3次，然后用同样的方法拉伸另外一侧。

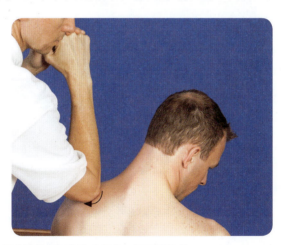

图6.19　客户将头屈曲并转向远离治疗师的一侧实现拉伸

小贴士　肩胛提肌的张力确实很大，有些客户无法忍受拉伸这块肌肉；仅锁定这块肌肉就已经起到了减轻肌张力的作用。如果发现客户感觉十分痛苦，治疗师可以采用缺血性按压来减轻扳机点的痛苦，先解除斜角肌和竖脊肌的扳机点，再返回来治疗肩胛提肌。

治疗经验

　　我教会了两名话务员如何实施主动–辅助软组织放松。为了消除彼此颈部肌肉过高的张力，他们每天用这种办法轮流为对方做治疗。

优点：

- 采取这个姿势为客户做软组织放松，锁定肌肉非常方便，同时还可以借助杠杆的作用。
- 颈部的软组织处于过度拉伸的可能性很低，因为拉伸时客户可以自己控制拉伸的动作。只需提醒客户，在舒适和无痛的范围内拉伸肌肉，便可以保证颈部的安全，因此这是一种比较安全的拉伸方式。

注意事项：

- 许多客户由于这块肌肉的张力实在太高，无法忍受拉伸。
- 为了确保拉伸效果，要向客户明确展示锁定肌肉以后，脖子的运动方向、路径和终点。否则客户屈曲颈部前，如果没有先转头45°，则会影响拉伸的效果。
- 需确保每次锁定时，客户的脖子都处于自然状态，且脸朝向正前方。如果治疗师进行肌肉的锁定时，客户的颈部有轻微的屈曲，则会提升整体的拉伸效果。

斜方肌上束的扳机点

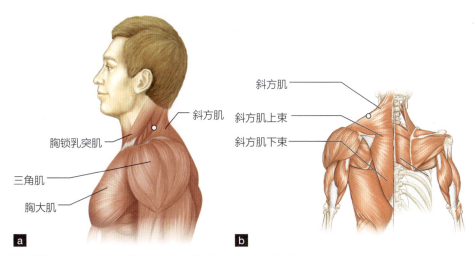

斜方肌

斜方肌

斜方肌上束

斜方肌下束

胸锁乳突肌

三角肌

胸大肌

a

b

图6.20 斜方肌上束的扳机点：（a）侧面视角，（b）背面视角

　　斜方肌上、中、下束都会出现扳机点。本章讲解的是如何利用软组织放松技术来解除斜方肌上束的扳机点。从侧面视角（图6.20a）可以看到，扳机点引发的疼痛在颈部一侧、头部、眼部和下颌部。这个扳机点位于斜方肌肌纤维前侧的中部，肌张力增加会导致头痛。当扳机点位于枕下肌和胸锁乳突肌时，想要减轻由于肌张力过高而引起的头痛问题，很可能需要对肌肉周围所有的扳机点进行治疗。斜方肌上束的扳机点（图6.20）可能是如下原因造成的：长期用一侧肩膀背沉重的包；文胸肩带过紧因而长期勒着肌肉；挥鞭综合征造成的创伤；长短腿引起的脊柱侧弯；高低肩导致单侧斜方肌上束的肌张力过大，形成头部侧倾（俗称"歪脖"）。客户保持坐姿，治疗师抬起客户的一侧手臂（其姿势正如坐在汽车里，手臂搭在打开窗户的车门上一样），并且重复完成过肩的投球动作，这对治疗长期处于活跃状态的扳机点很有帮助。然而，手臂在无支撑点的情况下长期进行此活动，会使肌张力过高，扳机点疼痛加重。

　　治疗师可以通过用手指和拇指捏住斜方肌上束并进一步检查，然后确定扳机点的具体位置。当客户处于仰卧位时，治疗师通过抬高客户的手臂更容易找到扳机点。治疗师可以在自己身上实施此操作：治疗师坐在椅子上，将右手手臂支撑在椅子靠背或桌子上，右肩略高；使用左手食指和拇指轻轻捏住右侧斜方肌上束，并不断揉捏以确定扳机点具体的位置。

摩拉斯卡等人（Moraska et al.，2017）对62位患有紧张型头痛的受试者实施了单独的或多种斜方肌上束扳机点的放松按摩，之后对扳机点的反应进行检测。受试者被随机分为3组：一组不实施治疗；另一组假装实施超声波的治疗；第3组接受缺血性按压双侧斜方肌上束和枕下肌的扳机点。整个治疗过程持续了6周，每周治疗2次，每次45分钟，治疗师要求接受按摩治疗的第3组受试者处于仰卧位，然后用拇指和其他手指捏住斜方肌进行操作。第1次至第12次的治疗之后都用测痛计进行测试，压痛阈值从基线开始测量。最终研究者发现只有第3组从完成第1次到第12次治疗后，压痛阈值呈上升趋势。

在一项针对45名志愿者的研究中，塔利布、优素福和萨利赫（Taleb, Youssef and Saleh，2016）在斜方肌上束扳机点活跃的区域测试手动按压式的放松技术与测痛计按压放松技术的有效性。同时对压痛阈值和头部主动侧倾范围在治疗前和治疗后都进行测试评估。结果表明接受了测痛计按压放松扳机点的受试者，头部的侧倾范围有很大的改善，作者认为这可能是因为仪器每次施加的压力都是一样的。

用主动－辅助软组织放松技术治疗斜方肌上束：坐姿

第1步：客户采用坐姿，治疗师锁定其斜方肌上束（图6.21）。

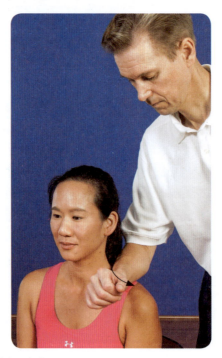

图6.21 使用前臂锁定斜方肌上束

第2步：治疗师保持锁定，要求客户侧屈颈部，直到客户感受到舒适的拉伸感为止，如图6.22所示。

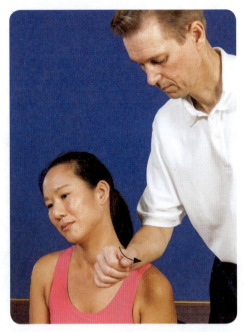

图6.22　颈部主动侧屈产生拉伸感

第3步：重复3次，换另一侧重复上述操作。

优点：

- 采取这个姿势为客户做软组织放松，锁定肌肉非常方便，同时还可以借助杠杆作用。
- 颈部软组织过度拉伸的可能性很低，因为拉伸时客户可以自己控制拉伸动作。只需提醒客户，在舒适和无痛范围内拉伸肌肉，便可以保证颈部的安全，因此这是一种比较安全的拉伸方式。
- 不断尝试，并与客户沟通和协作，就能够改变肌肉的锁定方向，拉伸斜方肌上束不同的肌纤维。

注意事项：

- 采取这个姿势为客户做软组织放松，容易压到骨性结构，如锁骨和肩峰。

用主动-辅助软组织放松技术治疗斜方肌上束：仰卧

要求客户处于仰卧位，使用主动-辅助软组织放松解除斜方肌上束的扳机点是一个很好的方式。

第1步：客户呈仰卧位，治疗师通过触诊找到扳机点。如果治疗斜方肌上束前侧的扳机点，只需用拇指或按摩工具轻轻锁定即可，如图6.23所示。如果治疗斜方肌上束后部的扳机点，则需要将一个质地较硬的小球放在斜方肌上束靠后部的肌肉，通过不断变换位置，参考客户的感觉，共同找到正确的锁定点，如图6.24所示。

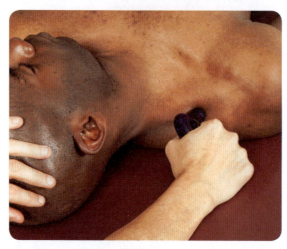

图6.23 用按摩工具轻轻锁定斜方肌上束前侧的扳机点

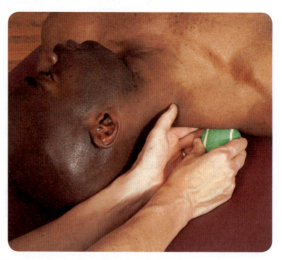

图6.24 将小球置于客户斜方肌上束后部的扳机点上

第2步：用拇指、按摩工具或小球保持锁定，要求客户慢慢将头转向另一侧，如图6.23和图6.24所示。头部向左侧方屈曲也可以帮助拉伸，但是对有的客户来说很难完成侧向屈曲的动作。

优点：

- 此方法治疗斜方肌上束的扳机点非常有效，因为客户处于仰卧位时，其斜方肌上束处于放松状态。

注意事项：

- 对于有些客户来说，很难完成颈部侧向屈曲动作。
- 客户处于仰卧位完成软组织放松后很难进行按摩。
- 对于骨质疏松症患者，治疗师按压其身体局部时，力度不能过大。

用主动软组织放松技术治疗斜方肌上束：坐姿或站姿

第1步：坐姿或站姿，用伞把的弯钩来勾住斜方肌的上束肌肉（图6.25）。

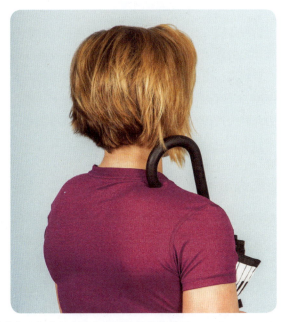

图6.25 用伞把的弯钩来勾住斜方肌上束肌肉并实施按压

第2步：保持锁定，朝反方向转头或侧向屈曲颈部（图6.26）。例如，当锁定右肩部的斜方肌上束肌肉时，将头转向左侧或尽量使自己的左耳贴近左侧肩膀。

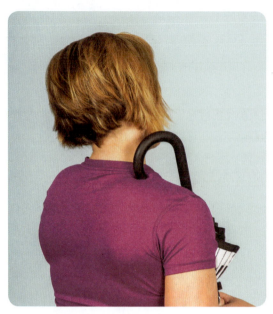

图6.26 侧向屈曲颈部完成拉伸

　　用拇指和其他手指捏住斜方肌上束实施锁定，抬高手臂后实施拉伸的效果不如使用伞把勾住肌肉实施锁定的效果好，前者对于治疗斜角肌效果更好。可以自己做个实验：坐姿，然后将右臂抬高，用左手的拇指和其他手指捏住斜方肌上束的肌纤维，保持锁定，将头转向左侧。此时左、右拇指施加的压力要大于其他手指，同时右侧颈部前方有拉伸感。因为此时拇指压着斜方肌前部，即压在斜角肌上，所以用这个方法治疗斜方肌上束的效果较差，但是对治疗斜角肌很有帮助。有的人使用网球状小球实施锁定，但是想要准确锁定斜方肌上束肌纤维并不容易，而锁定斜方肌中束和下束更容易，因此，此法可以用来治疗斜方肌中、下束的肌纤维。

小贴士 练习使用主动软组织放松技术治疗斜方肌上束时，可以用一只手按压伞把对肌肉施压，也可以使用两只手进行练习，从而确定用哪种方法更好。当对右侧斜方肌实施软组织放松技术时只需左手持伞把并实施按压式锁定，这样做的好处是只用左手时，右侧肌肉比较放松，但劣势是不如双手持伞把时力度大。使用双手持伞把对斜方肌上束实施按压锁定，力度较大，但按压肩胛骨会导致斜方肌下束张力增加，肌肉收紧。这样的方法可以激活斜方肌下束的肌纤维，同时降低上束肌纤维的张力，有利于拉伸待治疗的肌肉，解除扳机点。

优点：

- 利用主动软组织放松技术治疗斜方肌上束，能够随时随地进行操作，使用的工具也很简单易得，如可以使用雨伞的伞把。

注意事项：

- 如果斜方肌上束肌纤维过大，将很难用伞把完成锁定，因为伞把很难勾住肌肉，并且会从肌肉上滑落。

用主动软组织放松技术治疗斜方肌上束：仰卧

可以采取仰卧的姿势，对斜方肌上束后部的肌纤维实施软组织放松技术，治疗扳机点。将网球状小球放置在扳机点下方，将头转向另外一侧，如图6.24所示。

优点：

- 仰卧有助于肌肉放松，比较容易使用软组织放松技术治疗斜方肌上束后部的肌纤维。

注意事项：

- 仰卧姿势不利于对斜方肌上束前部的肌纤维实施操作。
- 将材质较硬的小球放在肩膀的肌肉下，压力过大，会让有些人觉得不舒服。
- 此法不适合骨质疏松症患者，因为不能对其身体的局部施加过大的压力。

头半棘肌上的扳机点

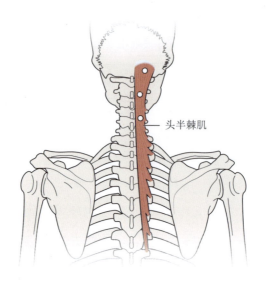

头半棘肌

图6.27 头半棘肌上的扳机点

　　在颈部和胸廓部位的伸肌都可能出现扳机点。罗宾斯等人（Robbins et al.，2014）曾写了一篇关于用注射法治疗扳机点引发的头痛疾病的论文，为我们提供了用注射的方法解除头半棘肌和其他颈部伸肌扳机点的操作指南。此外，费尔南德斯德拉斯潘纳斯、莱顿和德摩豪特（Fernandes-de-las-Peñas, Layton and Dommerholt，2015）也曾经记述用干针治疗胸肌的扳机点，以缓解胸椎痛的内容。有一些扳机点出现在棘肌中线的侧方，间隔1 ~ 2厘米（0.4 ~ 0.8英寸），如图6.27所示，疼痛可延伸至两鬓，往后可至后脑勺，往下可至斜方肌后束和肩胛骨上缘的中间部分。通过触诊可以发现：头部稍稍屈曲，颈部肌肉的张力就会略有增加，而侧卧姿势则可以让颈部肌肉得到放松。用手指定位胸廓的多裂肌时，可以用手指摸到胸椎刺状凸起和低洼处，按压凸起的地方会发现有痛感。胸最长肌上的扳机点是与脊柱平行的肌肉上的隆起，通过触诊可以找到。颈伸肌上顽固的扳机点源于不良姿势产生的压力或头部外伤。可能加重扳机点的姿势包括弓背垂头、头部前倾或头颈部长期保持伸展的状态。

　　软组织放松技术应用于颈后部区域的扳机点治疗有一定难度，因为锁定颈后部的扳机点会导致颈部前倾。同样地，锁定胸腔中、下部也会导致躯干前倾。这两种情况下产生的前倾，都会让客户远离治疗师，这样就很难保证拉伸前锁定位置的准确性。然而，在躯干上部，即C7椎骨下方的位置实施操作确实能够对颈后部肌肉进行很好的拉伸。

用软组织放松技术治疗竖脊肌：坐姿

第1步：客户保持坐姿，治疗师在胸腔中部后侧锁定软组织，治疗师使用其指关节实施锁定，如图6.28所示。

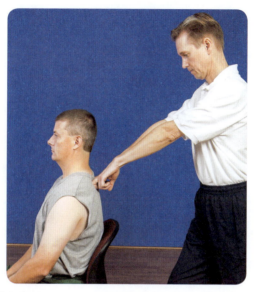

图6.28 用指关节锁定竖脊肌

第2步：保持锁定，要求客户屈曲颈部（图6.29）。

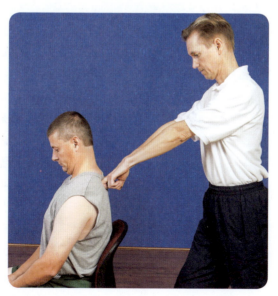

图6.29 客户主动屈曲颈部产生拉伸感

第3步：放松，重复上述操作。锁定点朝颈部方向上移，重复操作。如果正确操作软组织放松技术，当你在竖脊肌上移动锁定点时，客户感觉到的拉伸感会越来越强。

优点：

- 这样的拉伸方式能让客户感到舒适。
- 可以在客户采取坐姿时进行此操作。

注意事项：

- 锁定这些位置的软组织有一定难度。锁定产生的压力使客户身体前倾，如图6.29所示。客户需要在实际操作中，学会保持身体竖直，或者用力抵抗治疗师手指施加的压力。
- 这种操作很容易使治疗师过度使用手指。

小贴士 将按摩油涂抹于待操作的肌肉表面，然后隔着小毛巾或旧衬衫实施锁定更容易。

斜角肌上的扳机点

　　斜角肌的扳机点（图6.30）会引发胸痛、前后肩痛、肩胛骨内侧边缘的疼痛，甚至是手臂前后痛和手痛。客户采取仰卧姿势时，治疗师用手指的指尖即可轻松找到扳机点。虽然这些肌肉中的扳机点不会导致头痛，但是弗洛伦希奥等人（Florencio et al., 2015）在研究中发现，治疗后，30名有偏头痛的女性受试者的扳机点压痛阈值比另外30名没有偏头痛的女性受试者低得多。不仅枕下肌、胸锁乳突肌和斜方肌中的扳机点会导致头痛，斜角肌和肩胛提肌中的扳机点也会引发头痛。依据这一研究，作者建议对有头痛症状的患者进行治疗时，要系统检查其颈部的肌肉。

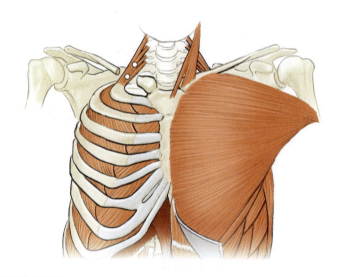

图6.30　斜角肌的扳机点

　　西蒙斯、特拉维尔和西蒙斯（Simons, Travell and Simons, 1999）列出了很多存在于斜角肌中活跃且顽固的扳机点的影响因素，包括外伤、拉拽和上提绳索的动作、过度使用呼吸肌、剧烈的咳嗽、先天性脊柱侧凸、演奏某种乐器和骑马。

　　假设限制呼吸肌吸气会影响它的功能，李等人（Lee et al., 2016）进行了一项研究检测斜角肌的拉伸效果，斜角肌附着在肋骨上，因此也归属于呼吸肌这一类的肌肉。他们挑选了20名无症状的女性受试者，分成两组，一组为控制组，另一组的成员接受斜角肌拉伸。使用数字肺活量测试仪，测量每个参与者拉伸前后的肺活量。按照实验要求，实验组成员在治疗师的协助下接受斜角肌前束、中束和后束拉伸，每次15分钟。结果，实验组的成员无论是吸气量还是呼气量均有所提高。

　　由此，研究者得出结论：对斜角肌的拉伸能够改善肺的功能。将解除扳机点和拉伸结合进行的治疗方法应该是可行的，用软组织放松技术治疗扳机点也是一个有效的方法。

用主动－辅助软组织放松技术治疗斜角肌：坐姿

第1步：客户保持坐姿，治疗师用手指轻轻锁定其斜角肌（图6.31）。

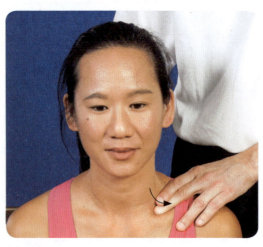

图6.31 用手指轻轻锁定斜角肌

第2步：客户将头转向与锁定位置相反的一侧，直到客户感觉到肌肉组织的拉伸（图6.32）。

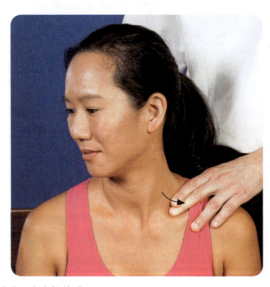

图6.32 客户主动转头，产生拉伸感

第3步：在左侧和右侧斜角肌重复此操作各3次。

优点：

- 以此方式拉伸，颈部软组织会有过度拉伸的风险，因为在这样的情况下拉伸的力度由客户控制。因此，治疗师应该提醒客户拉伸以舒适、无痛为前提，那么以这种姿势应用软组织放松技术拉伸斜角肌就比较安全。

注意事项：

- 通过此方法治疗斜角肌时，要避开颈部的血管结构。

用主动－辅助软组织放松治疗斜角肌：仰卧

第1步：客户仰卧，治疗师用手指轻轻触诊客户的斜角肌并创建锁定（图6.33）。

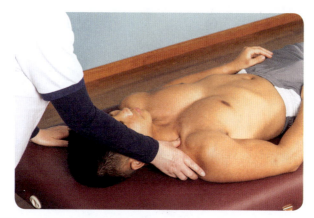

图6.33 客户仰卧，治疗师轻轻锁定其斜角肌

第2步：保持锁定，要求客户将头转向远离治疗师的一侧（图6.34）。

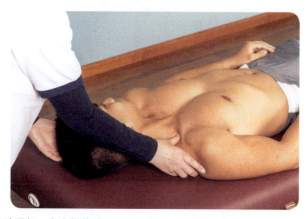

图6.34 客户转动颈部，产生拉伸感

优点：

- 仰卧位有助于颈部肌肉放松，因此这是锁定斜角肌的有效方法。
- 与客户采用坐姿相比，这种方法更容易解除斜角肌上比较容易辨认的扳机点。

注意事项：

- 与客户采用坐姿实施主动–辅助软组织放松技术一样，客户呈仰卧位实施该技术时也要注意避开客户颈部区域的血管组织。

用主动软组织放松技术治疗斜角肌：坐姿

第1步：采用坐姿、站姿或仰卧，用右手轻轻触诊左侧斜角肌。当确定找到的是肌肉，而不是血管时，用手指轻轻对肌肉施加压力（图6.35）。

图6.35 轻轻锁定斜角肌

第2步：保持锁定，力度要小，慢慢向右侧扭转头部，拉伸软组织（图6.36）。

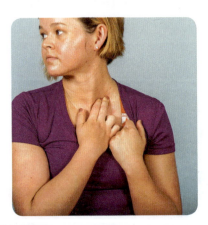

图6.36 保持轻轻锁定，拉伸斜角肌

第3步：在另一侧斜角肌重复该操作，即用左手锁定右侧斜角肌，然后将头转向左侧。

优点：

- 此方法用于锁定颈前侧的肌肉组织十分有效。
- 当治疗师对颈部施加压力时，可能对感觉不舒服的客户解除扳机点很有效。

注意事项：

- 治疗师需要教客户避开血管。而事实上很少有人会在血管上施加太大的压力，因为血管因按压引起的跳动容易被感知。

小问题

1. 治疗师对客户的菱形肌做被动软组织放松时，为什么客户的手臂要悬垂在治疗床一侧？
2. 对胸肌做主动–辅助软组织放松时，应该如何分散锁定肌肉的压力？
3. 为什么对肩胛提肌进行主动–辅助软组织放松是一种相对安全的放松方式？
4. 对斜方肌上束做主动–辅助软组织放松时，应注意避免按压到哪个骨性结构？
5. 对竖脊肌做主动–辅助软组织放松时，锁定竖脊肌之后，客户需要伸展还是屈曲竖脊肌？

第7章

下肢软组织放松

本章讲述如何对下肢实施软组织放松。通过本章可以了解下肢主要肌群的被动、主动-辅助和主动软组织放松，并对比3种放松方式的不同之处。注意，并不是所有下肢肌群都可以用这3种放松方式（详见表7.1）。另外，本章还详细说明了下肢不同部位出现的扳机点。

表7.1 下肢部位适用的软组织放松类型

部位	被动	主动-辅助	主动
腘绳肌	√	√	√
小腿肌群	√	√	√
足部	—	√	√
股四头肌	—	√	√
胫骨前肌	—	√	—
腓骨肌	—	√	—
臀肌	√	√	√
髂胫束	—	√	—
髂肌	—	√	

■ 被动软组织放松：被动软组织放松非常适合治疗腘绳肌和小腿肌群。仅从技术角度来说，被动软组织放松也可以用于足部、胫骨前肌、腓骨肌、股四头肌、髂胫束和髂肌。不过，对这些部位实施操作难度较大，而且由于实施操作时治疗师的姿势很不舒服，所以容易受伤。因此，本章不讲述关于这些肌肉的被动软组织放松。

■ 主动–辅助软组织放松：下肢所有肌肉都可以用主动–辅助软组织放松方式，如表7.1所述。不过，这并不意味着应对下肢每一块肌肉都实施主动–辅助软组织放松，而是应该不断尝试，找到更适合用主动–辅助软组织放松的肌肉。

■ 主动软组织放松：对腘绳肌、小腿肌群、足部、股四头肌和臀肌进行主动软组织放松时，可以利用网球状小球进行肌肉锁定。对胫骨前肌、腓骨肌和髂肌实施主动软组织放松的实际操作可能比较困难。因此，本章不介绍这几种肌肉的主动软组织放松。

接下来将对实施被动、主动–辅助和主动软组织放松技术治疗下肢肌肉进行详细介绍，同时还会不时与读者分享对实施操作很有帮助的小贴士，并介绍各种适合治疗的姿势。

腘绳肌上的扳机点

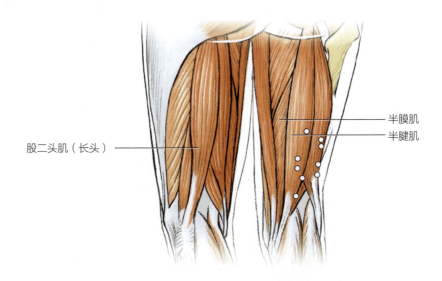

半膜肌
半腱肌

股二头肌（长头）

图7.1 腘绳肌上的扳机点

靠近腘绳肌中、下处的3个位置经常出现扳机点，这3个位置是半膜肌、半腱肌和股二头肌（图7.1）。这里的扳机点通常会导致膝关节背面和大腿背面的近端区域出现疼痛，扳机点产生并长期存在，多是由于长期维持某一固定姿势。例如，开车或长时间坐在办公桌前，因外伤或其他疾病不得不卧床或坐在轮椅上。大腿后侧长期处于一定的压力状态也是形成扳机点的另一个重要因素。治疗师可以通过触诊这些肌群找到扳机点，这一过程中，客户保持俯卧、侧卧，甚至是仰卧的姿势均可，但要屈膝。

川帕斯等人（Trampas et al., 2010）做了一个试验，将30名身体强壮但腘绳肌上至少有一个扳机点的男性受试者分为3组：第1组为控制组，不采取任何治疗措施；第2组由治疗师对其腘绳肌实施拉伸；第3组则采取对扳机点进行放松和拉伸相结合的治疗措施。他们在干预前后分别测量了膝关节的活动范围、肌肉的拉伸感、压力感知和主观性疼痛阈值测试（使用视觉模拟疼痛量表测量）。对第3组受试者，实施无痛交叉软组织按摩来治疗扳机点，同时配合拉伸。治疗后通过对比检测的数据发现，与没有实施干预的第1组相比，第2组与第3组受试者的情况皆有改善；而实施扳机点放松与拉伸相结合的第3组受试者的治疗效果要明显好于只接受拉伸治疗的第2组受试者。

小贴士 髋部区域的疼痛向下蔓延并导致大腿后侧出现的疼痛不一定是由坐骨神经痛导致的，也可能是由腘绳肌区域出现扳机点引发的。

用被动软组织放松技术治疗腘绳肌：俯卧位

第1步：客户俯卧，治疗师帮助其屈曲膝关节，使其大腿后侧的肌肉收紧，治疗师用拇指或松拳在肌肉起点处实施锁定（图7.2）。锁定肌肉时朝坐骨方向按压腘绳肌，不要垂直向下按压。用松拳锁定时，要确保手臂、手腕和手背成一条直线，不要屈曲或伸展手腕。如果用拇指实施锁定，请注意所用力度不能太大，那样会使拇指因过度使用而受伤。

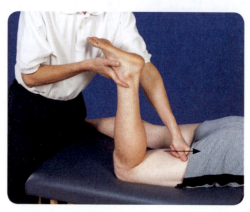

图7.2 锁定腘绳肌时，锁定点应尽可能靠近坐骨

小贴士 在治疗之前，治疗师要跟客户说清楚接下来治疗的位置，因为有的客户会因为锁定的位置在臀部而产生受到侵犯的感觉。治疗师选择用松拳锁定客户坐骨末端或大腿后侧的上段区域，如图7.2所示。

第2步：保持锁定，让客户通过膝关节的伸展拉伸锁定点的肌肉（图7.3）。很多客户在这个点感觉不到拉伸。

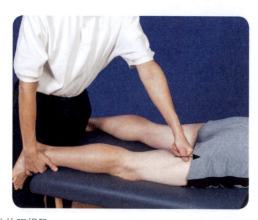

图7.3 保持锁定，拉伸腘绳肌

第3步：随着客户的膝关节再次屈曲，治疗师选择一个新的且更远的点——大约在大腿的中间位置（图7.4），实施锁定。

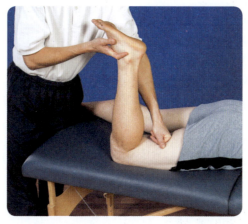

图7.4 在腘绳肌上创建一个更远的锁定点

第4步：保持锁定，伸展客户的膝关节（图7.5）。

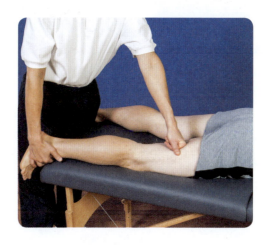

图7.5 拉伸腘绳肌

第5步：沿着腘绳肌从近端到远端变换锁定点，重复此操作。注意避免按压膝关节后侧的腘窝处。如果治疗师操作正确，客户会感觉到朝腘绳肌肌腱方向的拉伸感逐步增强。如果客户感觉不到拉伸，那么治疗师可以考虑使用主动-辅助软组织放松技术。

小贴士 软组织放松可以用于评估腘绳肌的柔韧性。从肌肉近端到远端移动锁定点时，治疗师应注意感受肌肉的张力变化。治疗师是否能够判断腘绳肌的哪个部分最紧，是股二头肌（外侧），还是半膜肌和半腱肌（内侧）？

如果使用软组织放松技术解除扳机点，治疗师可以使用拇指对扳机点轻轻施压，并重复这一操作，这比按压其他部位的肌肉效果要好。扳机点解除后，治疗师可以治疗下一个区域。接下来将讲解如何用软组织放松技术对扳机点进行放松，以及指导客户如何对腘绳肌进行拉伸并保持肌纤维的长度。

优点：

- 许多客户说自己的腘绳肌紧张，这种拉伸技术可以帮治疗师评估腘绳肌的柔韧性，并找到肌张力较高的部分。
- 这种拉伸技术可以整合到下肢的整体按摩治疗方案中。
- 用拇指即可轻轻锁定腘绳肌中部和较低位置的扳机点，并使用被动软组织放松解除扳机点。

注意事项：

- 腘绳肌是块强壮而有力的肌肉，需要比较大的力气才能牢固锁定。用拳头锁定腘绳肌是锁定方式中的一种，用前臂锁定会更牢固（就像在主动－辅助软组织放松中一样）。
- 肘部也可以锁定腘绳肌，但受杠杆的长度影响，用肘部锁定膝关节，客户难以完成被动屈曲和伸展动作，且这个姿势需要治疗师向前倾斜上身，不仅会让治疗师很不舒适还会导致脊柱更容易受伤。

用主动－辅助软组织放松技术治疗腘绳肌：俯卧位

第1步：客户俯卧，屈曲膝关节。治疗师将肘关节放在客户靠近坐骨附近的腘绳肌上，锁定腘绳肌（图7.6），朝臀部方向按压腘绳肌，拉伸前先从腘绳肌较松弛的部分开始锁定。

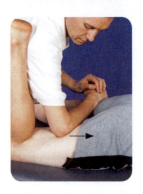

图7.6 用肘部锁定靠近臀部的腘绳肌

第2步：保持锁定，要求客户放下腿，放在治疗床上（图7.7）。再松开锁定。

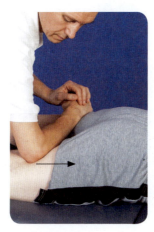

图7.7 让客户将小腿放在治疗床上，拉伸腘绳肌

第3步：在距离第一个锁定点较远的位置选一个新的锁定点。从坐骨位置逐步向下移动锁定点直至腘绳肌肌腱。不要按压腘窝。

小贴士 操作此技术时，客户的膝关节不必完全屈曲，拉伸结束后也不必完全伸展。事实上，当客户的大腿后侧肌肉过于紧张时，在治疗初期完全伸展膝关节不可取，同时也不可能做到。

优点：

- 这种方法允许治疗师使用前臂或肘部进行锁定，也正因如此，与用松拳锁定相比，其锁定力度更大。
- 客户进行膝关节手术并固定后，对腘绳肌进行主动－辅助软组织放松可促进康复。客户主动屈曲膝关节，腘绳肌产生向心收缩，伸展膝关节，腘绳肌产生离心收缩。这种方法可以增加膝关节的活动度、增强腘绳肌的力量。
- 对膝关节置换手术的患者采用这种拉伸方式，让客户主动屈曲膝关节，可增加膝关节的活动度。而且因为客户主动活动膝关节，可以保证在无痛范围内进行，这样就比被动的术后拉伸安全。

注意事项：

- 客户持续屈曲膝关节可能会导致腘绳肌痉挛。
- 在锁定客户的软组织时，治疗师尽量分开双腿维持身体姿势，确保身体重心放在客户身体或治疗床上。随着实践次数的增加，做到这一点并非难事。
- 使用前臂或肘部锁定大腿中部的扳机点比较困难。

小贴士 治疗师应该在离自己较近的腿上实施拉伸操作，如图7.8所示，这比越过客户身体对另一条腿实施操作要容易得多。当治疗客户左腿时，治疗师应使用右臂，同样，当治疗客户右腿时，治疗师应使用左臂，这样能使操作变得简单易行。

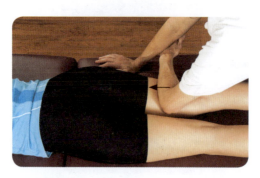

图7.8 治疗师在靠近自己一侧的客户的腿上实施软组织放松技术

治疗经验

有一名舞蹈演员身体大部分软组织的延展性都非常好，但是腘绳肌很紧，我发现对她实施主动-辅助软组织放松的效果特别好。用主动直腿上抬这个动作无法准确测量出舞蹈演员腘绳肌的延展性，因为大部分舞蹈演员无论治疗前后，都可以直接把大腿贴到自己的胸部。实际操作中，应根据客户的反应，找到肌张力较高的部位，并对其进行充分放松，有时要结合按摩油按摩，有时不用。

小贴士 治疗师用手指触诊确定扳机点位置后，用软组织放松技术解除扳机点时，使用肘关节顶点创建锁定点比用拇指效果好（图7.9）。然而，用肘部锁定远端肌肉很困难，这时应该用拇指完成锁定。

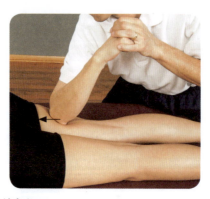

图7.9 用肘关节顶点创建锁定点

小贴士 另外一种治疗腘绳肌扳机点的方法就是让客户仰卧，同时抬腿，膝关节屈曲成90°。这样，治疗师就可以用拇指锁定位于大腿中部、膝关节上方的扳机点并对其进行按压。保持锁定，要求客户慢慢伸展膝关节，直到完全伸直。接下来放松扳机点，此时客户的状态适合被动拉伸腘绳肌。

用主动软组织放松技术治疗腘绳肌：仰卧位

第1步：仰卧，屈曲膝关节，缩短腘绳肌，拿一个网球状小球放在腘绳肌上（图7.10）。

图7.10 用网球状小球按压腘绳肌

第2步：双手十指紧扣并抱住网球状小球，缓慢伸展膝关节（图7.11）。

图7.11 用网球状小球拉伸腘绳肌

第一个锁定点（用网球状小球锁定）选在坐骨附近，逐渐向下移动锁定点直至膝关节附近。腘绳肌是一块很大的肌群，因此要沿着肌肉的边缘锁定肌肉并反复拉伸，以取得最大的拉伸效果。治疗师有时可以系统性地拉伸整块腘绳肌，从大腿外侧的股二头肌开始，由肌肉近端至远端（坐骨至膝关节）移动锁定点。当感觉到这块肌肉已经得到充分拉伸后，再将锁定点移动到更内侧的位置，越过半膜肌和半腱肌，以同样的方法继续拉伸腘绳肌。要使用此技术解除腘绳肌上的扳机点，可以先通过触诊确定扳机点的位置，然后将球置于扳机点上，并不断重复实施软组织放松技术，直到扳机点被解除。

优点：

- 采取仰卧位时，用这种主动软组织放松技术治疗腘绳肌扳机点的方式简便易行。
- 抬高腿可以帮助血液回流和淋巴排毒，这也是运动之后的一种很好的主动恢复方式。

注意事项：

- 如果你的腘绳肌强壮有力，你可能无法施加足够大的力气来锁定它。

用主动软组织放松技术治疗腘绳肌：坐姿

第1步：采用坐姿，膝关节自然弯曲放置。将一小球置于大腿下方，介于大腿和椅子之间（图7.12）。

图7.12 采用主动软组织放松技术治疗腘绳肌的起始姿势

第2步：伸展膝关节（图7.13）。

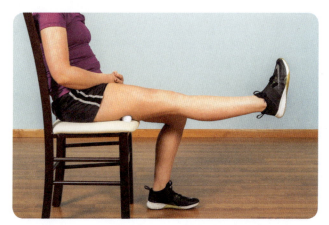

图7.13 用主动软组织放松技术治疗腘绳肌时，通过伸展膝关节产生拉伸感

优点：

- 办公室工作人员常在桌前工作一天，采用坐姿对腘绳肌实施软组织放松技术是个很好的选择。
- 采用坐姿实施软组织放松技术比采用仰卧姿势要省劲，因为不需要使劲用手按住小球。
- 采用坐姿实施软组织放松技术治疗扳机点相对比较容易。

注意事项：

- 采用坐姿实施软组织放松技术，与采用仰卧姿势相比，对腘绳肌的压力比较大，会产生疼痛感。

小腿肌群上的扳机点

扳机点出现在腓肠肌中部和侧面,如图7.14所示。位于中部的扳机点会引发脚背和膝关节后侧的疼痛,并辐射到整个小腿肌群;位于侧面的扳机点则会造成周边区域和膝关节以下侧面区域的疼痛。当踝关节跖屈,如芭蕾舞蹈演员穿着硬尖舞蹈鞋表演时,或者从坡度较大的小山坡下来时,这些区域扳机点的疼痛感会加重。当小腿肌群被收紧,如穿着紧身袜或者伸直腿坐着,并把小腿搭在脚凳上时,扳机点会持续疼痛。当睡觉时持续趾屈踝关节或穿着高跟鞋时,扳机点也可能会持续疼痛。

治疗师定位这些扳机点时,可以要求客户以俯卧的姿势,将双脚悬于治疗床一侧的床头之外(图7.15),或者可以让客户跪在椅子上,让双脚悬在椅子外,也可以让客户侧卧。

格里夫、巴尼特等人(Grieve, Barnett et al., 2013)挑选了10位感觉小腿疼痛的受试者参与了一项调查研

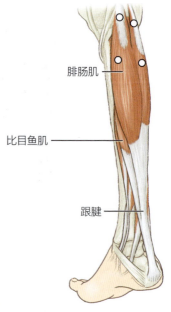

腓肠肌

比目鱼肌

跟腱

图7.14 小腿肌群上的扳机点

究,检查其小腿三头肌的扳机点并对肌筋膜的扳机点进行治疗。在试验开始前和结束后进行了基线测量;观察指标包括压痛阈值、扳机点存留情况、踝关节背屈活动度、下肢功能评分和数字疼痛评定量表。治疗师发现位于腓肠肌和比目鱼肌的扳机点,就用拇指锁定并为受试者拉伸小腿肌群。同时,治疗师要求受试者用网球状小球或泡沫滚轴主动拉伸自己的小腿肌群,每天至少1次。在10例受试者中,在进行基线测量时发现了13个活跃的扳机点,在实施治疗、干预后扳机点数量降为0。然而,受试者已确定的31个潜在的扳机点,仅减少至30个。治疗后踝关节背屈时腓肠肌和比目鱼肌得到改善,所有参与者的压痛评分均得到改善。

格里夫、克兰斯顿等人(Grieve, Cranston et al.,2013)将22名休养的跑步运动员作为受试者,研究如何缓解小腿三头肌潜在的扳机点。受试者每周至少参加两次跑步训练,期间两条腿的腓肠肌和比目鱼肌上至少有一处潜在的扳机点。所有受试者背屈踝关节都感到困难。干预组先用拇指放松扳机点,按压10分钟,接下来对腓肠肌和比目鱼肌进行10秒的拉伸。控制组没有接受任何形式的治疗和干预,但实验开始前和结束后,用测量仪对两组受试者进行了踝关节背屈角度测量。两组受试者踝关节背屈角度均有所增加,但干预组增加得更多。在干预组中,与比目鱼肌和腓肠肌基线测量值相比,这种活动度的增加具有统计学层面的显著性,因此作者得出结论,肌筋膜区域的扳机点得到缓解可以改善踝关节背屈角度。

小贴士 如果客户表示夜间出现小腿抽筋的症状，治疗师可认为其小腿腓肠肌存在扳机点。

用拇指锁定小腿肌群实施被动软组织放松：俯卧

第1步：客户以俯卧位趴在治疗床上，双脚伸出治疗床（图7.15）。

图7.15 客户趴在治疗床上

　　第2步：检查床尾是否存在可能会刺伤客户脚掌的突起物，确保客户在床尾可以背屈踝关节。治疗师用自己的大腿轻轻向前推客户的脚掌，让客户的踝关节完成背屈，检查客户的踝关节是否有背屈能力（图7.16）。

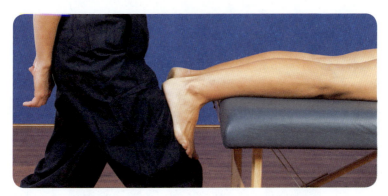

图7.16 客户被动背屈踝关节

小贴士 治疗师用自己的大腿从中间或侧面背屈客户的脚掌，并找到客户拉伸感最强烈的角度。实施这种拉伸技术时，踝关节需要被动背屈至90°。注意，此时治疗师需要调整推动客户脚掌的方向，以拉伸其小腿肌群，而不是简单地向前推，使客户的整个身体在治疗床上移动。

　　一般在实施软组织放松之前，最好先微微收紧待拉伸的肌肉，但是，小腿肌群除外。此时客户的脚掌自然背屈，小腿肌群处于既不拉长也未收紧的自然状态。

　　第3步：治疗师站在床尾，用双手拇指一起按压客户的小腿肌群，在稍低于膝关节或小腿肌群的正中间锁定客户的小腿肌群。每次锁定时，压力是朝膝关节方向而不是垂直向下（图7.17）。

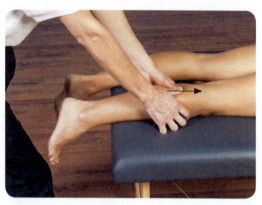

图7.17　用拇指锁定小腿肌群

　　治疗师用双手拇指锁定客户的小腿肌群并对其进行被动软组织放松，如图7.17所示。在治疗师熟练掌握被动软组织放松技巧之前，用这种锁定方式也可以完成拉伸动作。这也是治疗腓肠肌上段扳机点（图7.14）的好方法。治疗师要学会保护自己的四肢，这非常重要，应该尽量避免过度使用拇指。小腿肌群较为强壮，治疗师可以采用更大力度的锁定来放松小腿肌群。虽然通过拇指用力可以紧紧地锁定小腿肌群，但是最好不要这么做。

　　第4步：保持锁定，并用自己的大腿帮客户背屈踝关节（图7.18）。

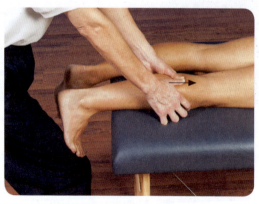

图7.18　治疗师利用自己的大腿背屈客户的踝关节，从而拉伸客户的小腿肌群

第5步：客户背屈踝关节后，治疗师立刻移开自己的大腿并用手指锁定其小腿肌群，然后在距之前锁定点较远的位置选一个新的锁定点（图7.19）。

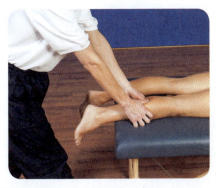

图7.19 沿小腿肌群中线锁定肌肉组织

第6步：治疗师帮助客户再次背屈踝关节（图7.20）。

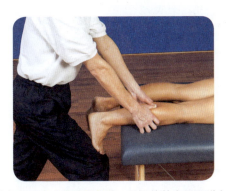

图7.20 保持锁定，治疗师帮助客户背屈踝关节，从而使其小腿肌群产生拉伸感

第7步：客户背屈踝关节后，治疗师立刻移开自己的大腿并放开锁定点，在较远处选一个新的锁定点重新锁定肌肉（图7.21）。

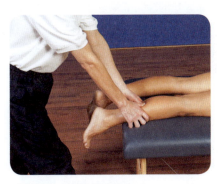

图7.21 在小腿肌群创建一个更远的、最终的锁定点

第8步：治疗师帮助客户再次背屈踝关节（图7.22）。

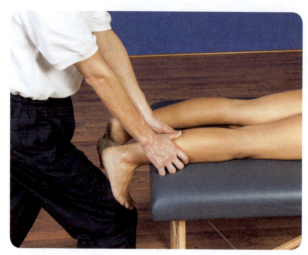

图7.22 保持锁定，对客户小腿肌群实施拉伸

第9步：从肌肉近端往下移动锁定点直至跟腱的连接处。再次拉伸小腿肌群，最多重复3次。

小贴士 位于人体最浅层的小腿肌群，是一种羽状肌肉，有两块肌腹。治疗师沿肌肉正中间完成软组织放松后，再移到侧面肌腹，用相同的方式拉伸。注意，很多客户小腿肌群侧边的肌张力明显较高，这条张力带是否是腿侧和腿后肌之间增厚的筋膜呢？

从小腿肌群的中间、外侧或内侧进行软组织放松，区别不大。对每块肌肉大约进行3次软组织放松就能让肌纤维得到充分的拉伸，还能增加关节的活动度。

优点：

- 治疗师用大腿来背屈客户的踝关节，是除软组织放松之外，另一种让客户感觉很舒服的拉伸动作。
- 这种俯卧位的拉伸技术可以整合到下肢整体按摩治疗中。
- 通过触诊确定小腿肌群扳机点的具体位置并利用软组织放松技术解除扳机点的操作易于掌握。

注意事项：

- 很容易造成拇指过度疲劳。
- 不一定要让有块状肌肉的客户感受到拉伸感，因为想使这种客户有拉伸感，需要让拇指使用超过安全范围的力度。

用松拳锁定并对小腿肌群实施滑动软组织放松技术：俯卧

与之前使用的被动软组织放松技术唯一不同之处在于，这种技术是用松拳锁定，而不是用拇指锁定。客户俯卧，脚伸出床，实施前两个步骤之前，仍要检查床尾，保证客户背屈踝关节时安全、舒适（图7.17）。

第1步：治疗师不用拇指，而是用松拳轻轻锁定肌肉（图7.23）。

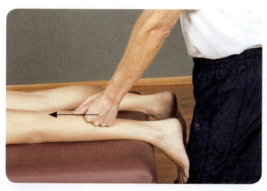

图7.23 治疗师用松拳锁定小腿肌群

第2步：保持锁定，治疗师用自己的大腿帮助客户轻轻背屈踝关节（图7.24）。

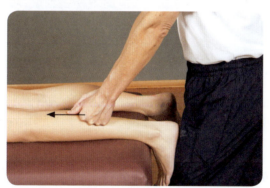

图7.24 用松拳保持锁定，治疗师用自己的大腿帮助客户背屈踝关节，从而让客户产生拉伸感

优点：

- 治疗师用松拳锁定可以适当保护过度使用的拇指。

注意事项：

- 用松拳不容易锁定，治疗师可以借助按摩油，并且铺上面巾或小毛巾，这样锁定更牢靠。
- 此方法不能用来治疗扳机点。

用松拳锁定并对小腿肌群实施滑动软组织放松技术：伸膝俯卧

第1步：检查治疗床床尾，确保客户能安全背屈踝关节（图7.17）。可在客户小腿上涂抹一些按摩油或按摩蜡。

第2步：治疗师用自己的大腿帮助客户背屈踝关节，用松拳进行锁定，从踝关节开始，自下而上滑动并按压小腿肌群，滑至膝关节时适当减小按压的力度（图7.25）。

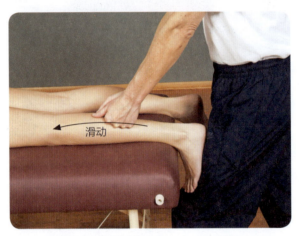

滑动

图7.25 用松拳对小腿肌群实施滑动软组织放松

优点：

- 对于小腿肌肉十分强壮的客户，治疗师很难实施锁定；对于小腿过于纤细的客户，治疗师进行局部锁定会使客户感觉不适。因此，这种滑动软组织放松技术非常适用于这两类客户。

注意事项：

- 虽然使用此方法进行肌肉拉伸的效果优于其他方法，但此方法不能用来解除扳机点。
- 治疗师需要经过练习才能熟练地做到一边用大腿背屈客户的踝关节，一边对其小腿肌群实施滑动软组织放松。

用前臂锁定并对小腿肌群实施滑动软组织放松技术：屈膝俯卧

第1步：客户俯卧，治疗师将客户的脚踝置于自己的大腿上，用一只手抓住客户脚尖（图7.26）。

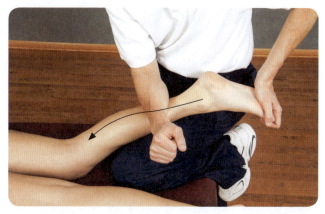

图7.26 治疗师一只手抓住客户脚尖，另一只手的前臂准备实施滑动软组织放松

第2步：治疗师抓住客户脚尖帮助客户背屈脚踝，另一手的前臂从脚踝向膝关节滑动（图7.27）。

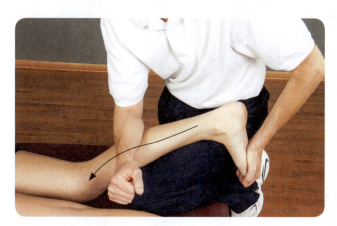

图7.27 用前臂滑动并按摩小腿肌群的同时背屈客户的踝关节

优点：

- 这种被动屈曲膝关节的方法有利于放松客户的小腿肌群。
- 这种方法有利于小腿的血液回流和淋巴排毒。

注意事项：

- 这种方式会使有的治疗师感到很不舒服。
- 治疗师只有通过练习才能熟练做到一边背屈客户的踝关节，一边用前臂实施滑动按摩。

用肘关节锁定并对小腿肌群实施主动－辅助软组织放松技术：俯卧

第1步：客户保持俯卧姿势，治疗师用肘关节锁定客户的小腿肌群，如图7.28所示。第一个锁定点位于膝关节下方，但注意不要在膝关节后侧的腘窝处施加压力。注意，客户采用这个姿势时肌肉处于自然状态，因此客户不需要主动收紧肌肉。

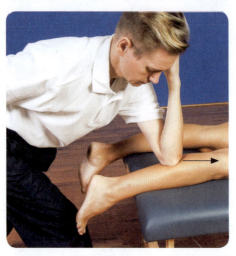

图7.28 治疗师用肘关节轻轻锁定客户的小腿肌群

第2步：保持锁定，要求客户勾脚趾，并背屈踝关节（图7.29）。客户动作到位后，治疗师松开锁定，将肘关节移到下一个位置再次锁定。

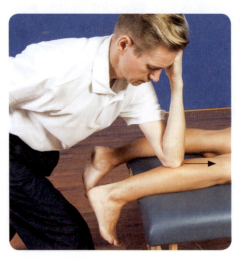

图7.29 客户主动收紧胫骨前肌，产生拉伸感

第3步：沿小腿肌群朝踝关节方向移动锁定点，反复进行拉伸、放松。沿肌肉边缘从近端到远端拉伸小腿肌群，最远至跟腱处，在跟腱处锁定并完成拉伸后，结束小腿肌群拉伸。

应严格控制对小腿肌群做主动–辅助软组织放松的时间，因为持续背屈脚掌和踝关节会造成胫骨前肌劳损。

小贴士 可以用肘关节和拇指交替实施局部锁定（图7.30）。实施横向锁定时，治疗师可使用前臂（图7.31）。

图7.30 使用拇指锁定，对小腿肌群实施主动–辅助软组织放松　　**图7.31** 使用前臂锁定，对小腿肌群实施主动–辅助软组织放松

无论使用哪种方式锁定，治疗师应确保部分身体重心转移到客户或治疗床上，不寻找支撑点直接屈曲躯干会导致背部疼痛。

优点：

- 利用这种方法，治疗师能够完成强有力的局部锁定。
- 治疗师不必一定站在治疗床的床头实施操作，换句话说，治疗师可以采取很多不同的方法实施锁定。
- 客户通过被动软组织放松时背屈踝关节的角度可能比自主背屈踝关节的角度大，因此可以感受到更强烈的拉伸感。
- 用拇指或肘关节锁定是解除扳机点的好方法。
- 得到医生许可后，应用这一技术配合跟腱炎的术后康复效果很好。因为客户主动背屈踝关节，可以按照自己的感觉控制背屈范围，而不至于引起疼痛，也正因如此，不会发生因过度拉伸造成软组织损伤的情况。

注意事项：

- 持续背屈踝关节必将导致胫骨前肌劳损。
- 治疗师身体前倾，用前臂或肘关节锁定肌肉时，应尽量避免腰椎屈曲，并将身体重心转移到客户身上或治疗床上。

挤压锁定并对小腿肌群实施主动－辅助软组织放松技术：俯卧

第1步：治疗师将客户的膝关节屈曲，双手十指交叉，用双掌挤压小腿肌群，如图7.32所示。

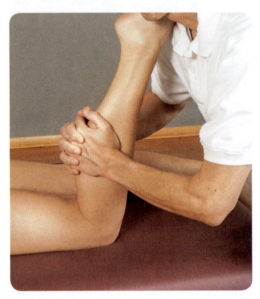

图7.32 挤压锁定小腿肌群

第2步：维持这个姿势，保持锁定，客户趾屈和背屈踝关节。注意挤压肌肉时，治疗师切勿用力过大。

优点：

- 应用此法，客户无须将脚悬于治疗床之外。
- 治疗师屈曲客户的膝关节后，可以促进客户放松小腿肌群，这样治疗师能够完成更深层次的锁定，而客户也能感受到不一样的拉伸效果。

注意事项：

- 应用此法很难锁定整块肌肉。但是，依据小腿肌肉的形状和大小，可以从近端到远端逐步移动锁定点。
- 由于锁定点比较宽泛，此法不能用于解除扳机点。

用主动软组织放松技术治疗小腿肌群：仰卧

第1步：将腿伸展平放，将小球置于小腿肌群之下（图7.33）。为了收紧小腿肌肉，通常可以趾屈脚背。但处于这种姿势时，脚背会自然处于趾屈状态。

图7.33 将小球放置在小腿肌肉的下方，实施主动软组织放松

第2步：缓慢背屈踝关节（图7.34）。

图7.34 背屈踝关节，实施主动软组织放松治疗小腿肌群

小贴士 如果要创建一个更宽的锁定范围，可以用一个柱形物体替代小球，如将一个小罐子放在小腿下，实施拉伸。

优点：

- 这种方法有助于治疗突然出现的抽筋、痉挛。
- 以此法治疗小腿后侧扳机点效果明显。

注意事项：

- 能否实施此法，要看肌肉发育情况，如果肌肉比较发达，使用此法锁定是很困难的。
- 这种方法会对小腿肌群产生较大的压力，有的客户会觉得难以承受。

足部扳机点

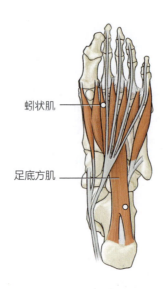

蚓状肌

足底方肌

图7.35 足部的扳机点

在足背和足底的肌肉中有多个扳机点。图7.35显示了在深层的足底方肌和蚓状肌的常见扳机点，足底方肌上的扳机点会引发足跟的跖侧疼痛，蚓状肌上的扳机点则会导致足背和足底的局部疼痛。图7.36至图7.38介绍了如何通过按摩工具来治疗这些扳机点。这些扳机点出现的原因是：足部创伤；由于外伤，足部长时间被固定，如打石膏；穿着过紧的鞋。通过触诊确定足底的扳机点需要通过系统的方式慢慢地找遍整个脚掌。研究人员帕特尔、维亚斯和谢恩（Patel, Vyas and Sheth，2016）将坐位体前屈和主动伸膝程度作为测试指标，试验前后进行记录，以测试自我治疗足底扳机点的效果。研究人员随机选取30名受试者，将其分成治疗组和控制组两个小组。所有受试者在干预治疗前（为期4周的治疗期）膝关节伸展均不能超过25°。研究人员要求受试者在足底跖骨头和足跟之间滚动一个网球状小球，每只脚最多两分钟，而且只进行一个疗程治疗可能解除至少一个潜在的扳机点。结果显示，治疗组和控制组的主动伸膝评分均显著改善，但坐位体前屈测试评分无变化。研究人员得出结论，一个疗程的足底筋膜自我放松有利于拉长腘绳肌，但对腰椎、骨盆的柔韧性没有影响。他们将控制组的腘绳肌灵活性有所增加归因于训练效果。也就是说，3次伸膝试验的数据表明软组织出现了"蠕变"现象。

请记住，足跟痛可能来自其他部位的扳机点，如小腿，而且有一些研究支持使用扳机点疗法来减轻足跟痛。例如，勒南－欧戴恩（Renan-Ordine，2011）对60名足跟痛受试者进行了一项随机对照试验。其中一组受试者自我放松小腿肌群中的扳机点，同时拉伸小腿肌肉；另一组仅仅拉伸小腿肌肉。结果显示，自我放松扳机点并完成拉伸的小组的效果更优。

借助工具对脚掌实施主动－辅助软组织放松：俯卧和仰卧

第1步：客户俯卧，双腿伸出治疗床，踝关节自然背屈，治疗师用按摩工具轻轻锁定脚掌肌肉（图7.36）。

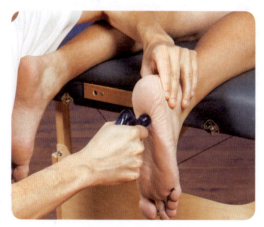

图7.36 客户俯卧，治疗师用按摩工具轻轻锁定脚掌肌肉

第2步：客户勾起脚趾，背屈踝关节（图7.37），再伸展脚趾。每只脚掌只需拉伸数分钟。

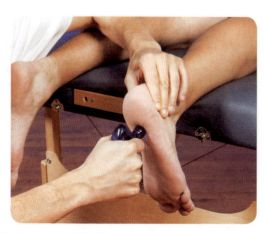

图7.37 客户主动背屈踝关节产生拉伸感

治疗师也可以要求客户仰卧，用同样的方法实施此技术（图7.38）。

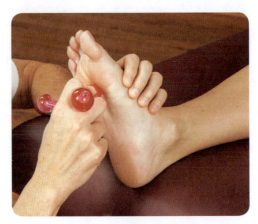

图7.38 客户仰卧，治疗师实施主动－辅助软组织放松治疗客户脚掌

小贴士 实施主动－辅助软组织放松技术时，无论客户是俯卧还是仰卧，治疗师都应该让客户在背屈踝关节的同时伸展脚趾，这样能够提升拉伸效果。然而，还是会有很多客户不知道怎样做才是"伸展脚趾"。这时，治疗师可以告诉客户，"伸展脚趾"就是"将脚趾尽力伸向更远处"，有一种"向上拔起"的感觉，这样有利于客户正确完成动作。

优点：

- 治疗师使用工具操作，能够保护自己的拇指。
- 可以将这个俯卧拉伸动作整合到下肢整体按摩治疗中。
- 此法用于解除脚掌扳机点十分有效。

注意事项：

- 并不是所有客户都喜欢用工具按摩的感觉。
- 必须避免过度锁紧肌肉
- 可能难以借助杠杆作用。

治疗经验

有一位客户通过步行上班来减肥，当他把鞋子从训练鞋换成平底鞋之后，慢慢地发现脚掌开始疼痛。排除其他病理学变化之后，我为这名客户按摩了脚掌和小腿肌群。为了牢固锁定，我采用按摩工具来锁定客户的软组织，这名客户很享受脚底的按压感。

用主动软组织放松技术治疗脚掌：坐姿

第1步：客户采用坐姿，自然屈曲踝关节，将脚掌放在网球状小球或带刺的治疗球上（图7.39）。注意，在这种情况下，不要收紧肌肉也不要屈曲脚趾，因为很多人在这样的情况下屈曲脚趾会引发肌肉痉挛。

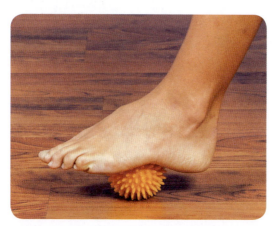

图7.39 将脚掌放置在带刺的治疗球上，实施主动软组织放松技术

第2步：轻轻伸展脚趾，背屈踝关节（图7.40）。

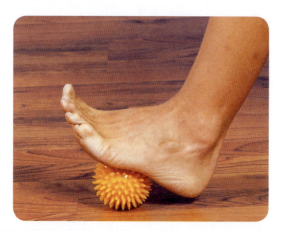

图7.40 利用带刺的治疗球对脚掌实施主动软组织放松时，背屈踝关节、伸展脚趾，以产生拉伸感

第3步：让小球沿脚掌移动，找到肌张力较高的和能从拉伸中获得最大效果的筋膜。

小贴士 足底肌肉放松对小腿肌群的治疗也有帮助，因为有一部分小腿肌群（如拇长屈肌）延伸到了脚趾部位。有时候拉伸小腿肌群也有助于缓解脚掌的疼痛。

优点：

- 对于解除脚掌上的扳机点，此法很有效。
- 对于脚掌怕痒不能实施主动–辅助软组织放松技术的客户来说，主动软组织放松更有效。
- 对脚掌做软组织放松可以刺激血液循环，据报道，这种方法可以缓解足底筋膜炎患者的疼痛。
- 对于因长时间站立而疲劳的人来说，此法是一个快速解决问题的办法。
- 这个方法还可以有效减轻脚掌肌肉痉挛。
- 在长时间行走或跑步后，此法还能有效减轻足部肌肉的张力。
- 按摩工具便于携带。

注意事项：

- 长时间站在球上或过度使用该技术会导致软组织受损。

治疗经验

一位在部队服役的客户，右侧脚掌患有足底筋膜炎，这名客户希望找到一种方法使自己的脚掌痊愈，因为他发现自己的左侧脚掌也出现类似症状。他担心主动–辅助软组织放松会很疼，希望可以自己做主动软组织放松。这名客户通过高尔夫球而不是带刺的治疗球来锁定肌肉，成功运用主动软组织放松对自己的脚掌实施放松，持续治疗数周。同时，他通过对小腿肌群做深层按摩，消除了与之相连的筋膜的张力，缓解了跟骨的压力，同时也消除了可能存在的足底筋膜压力。

股四头肌上的扳机点

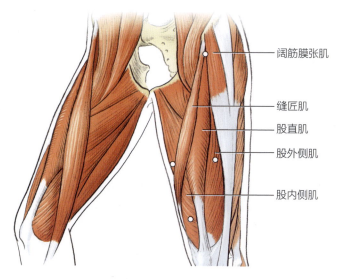

阔筋膜张肌

缝匠肌

股直肌

股外侧肌

股内侧肌

图7.41 股四头肌上的扳机点

　　股四头肌上有4个常见的扳机点。股直肌近端附着处的扳机点靠近髂前上棘（图7.41），此处的疼痛会延伸至膝关节。治疗师可以通过触诊确定股直肌的位置，方法是在髋关节不动的情况下，让客户等距伸展膝关节。这样股直肌会缩短，治疗师就可以通过触诊找到扳机点。

　　股内侧肌上的两个扳机点（图7.41）会使疼痛延伸至大腿中部和膝关节。通过触诊确定这些扳机点的位置时，客户仰卧，治疗师面朝治疗床一侧站立，手指从内收肌轻轻滑过股内侧肌，或从膝关节开始触诊至髋关节。

　　扳机点存在于股外侧肌的近端、远端和中间部分，其中一个扳机点如图7.41所示。有关该区域扳机点的更多信息，请参见髂胫束一节。

　　股中间肌也存在扳机点（未显示于图7.41），这些扳机点会导致大腿前外侧疼痛。

　　腘绳肌肌腱的扳机点会加重股四头肌的扳机点，除非先处理腘绳肌肌腱上的扳机点，否则股四头肌可能无法得到缓解。腘绳肌肌张力过高可能妨碍膝关节完全伸展，这意味着在承重过程中肌肉不必被收紧。它们持续存在是因为长时间固定不能自由活动，这在外伤后很常见。

　　埃斯皮-洛佩斯等人（Espí-López et al.，2017）招募了60名患有髌股关节疼痛的受试者，目的是比较普通手法治疗和锻炼与在此基础上增加干针治疗扳机点两种方法的有效性。治疗为期3周，一半受试者只接受针对股内侧肌和股外侧肌的普通手法治疗和锻炼，另一半受试者除了接受普通手法治疗和锻炼外，还增加了干针治疗扳机点。

治疗结果的评价指标为膝关节损伤和骨关节炎治疗结果评分、膝关节学会评分、国际膝关节文献委员会主观膝关节评价表和数字疼痛评定量表。在治疗15天后和治疗3个月后进行基线测量。两组的评分均显示中度至大幅改善，两组之间不存在显著差异，因此作者得出结论，将干针治疗扳机点作为治疗手法和锻炼的辅助疗法并未改善膝关节疼痛和残疾患者的治疗效果。

用主动－辅助软组织放松治疗股四头肌：坐姿

第1步：客户采取坐姿，伸展膝关节，治疗师朝客户的髋部方向施加压力，锁定股四头肌近端肌肉（图7.42）。

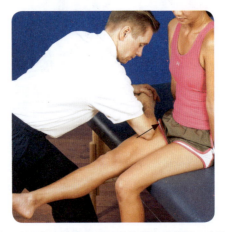

图7.42 治疗师用肘关节顶点下方比较柔软的部分锁定客户的股四头肌

第2步：治疗师保持锁定，同时让客户屈曲膝关节（图7.43）。

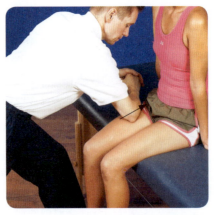

图7.43 当治疗师锁定股四头肌时，客户主动屈曲膝关节，产生拉伸感

第3步：膝关节一旦屈曲后，治疗师立刻放开锁定，在较远端的位置选择一个新的锁定点，沿股四头肌从髋部一直向下移动锁定点，反复拉伸股四头肌。

注意，拉伸软组织不需要客户完全屈曲膝关节。治疗师应尝试锁定股外侧肌和股直肌，寻找张力较大的部位。

这个拉伸动作特别适合治疗由股四头肌张力过高引起的膝前区疼痛。治疗师应小心地将锁定点移动到更远的区域，因为随着拉伸时的作用力逐渐增大，对膝关节的压力也在逐渐加大。

小贴士 治疗师可以用左臂锁定客户的右侧股四头肌，完成这个拉伸动作。不过，客户和治疗师双方可能都会觉得这个姿势有一点儿不礼貌。

优点：

- 用此法锁定肌肉的区域很宽，所以锁定力度很大。
- 当通过触诊确定大腿上的扳机点并使用肘部创建锁定点后，治疗师可以使用此方法解除扳机点。实施此法进行治疗后，治疗师需要对客户的股四头肌进行拉伸，以保持肌纤维的长度。

注意事项：

- 客户和治疗师双方可能都会觉得这个姿势有一点儿不礼貌。
- 注意不要为了拉伸而让身体姿势出现不稳定。尽量让双脚分开且保持身体稳定，不要在身体没找到支撑点的情况下向前弯腰。

借助网球状小球完成主动软组织放松治疗股四头肌

第1步：客户俯卧在垫子上，取一个网球状小球放在大腿下面，伸直膝关节（图7.44）。

图7.44 在对股四头肌实施主动软组织放松前将小球置于身下

第2步：屈曲膝关节（图7.45）。

图7.45 主动屈曲膝关节产生拉伸感

尝试用网球状小球按压大腿的各个部位，注意感觉哪个部位的拉伸感最强烈。首先把小球放在靠近髋部的大腿处；然后逐渐朝膝关节方向移动。为了确定扳机点的位置，用小球自上而下沿肌肉走向系统地完成按摩。如果发现扳机点，就利用软组织放松技术解除。

优点：

- 如果发现针对股四头肌的拉伸训练不能对特定部位进行充分拉伸，可以用这个操作来拉伸特定的部位。例如，把球放在大腿外侧可以专门拉伸股外侧肌。
- 此方法治疗股直肌和大腿中部肌肉中的扳机点非常有效。

注意事项：

- 有的客户做这个姿势会感到不舒服。
- 在这个拉伸动作中，整条腿的重量都放在网球状小球上，有些人可能会觉得不舒服。替代方法为，在坐姿下伸展髋关节，用按摩工具锁定肌肉。
- 用这种方法很难对股内侧肌的扳机点实施治疗。

客户坐在椅子上或治疗床的边上对股四头肌做主动软组织放松的步骤如下：伸展膝关节，用小球锁定股四头肌，然后保持锁定，缓慢屈曲膝关节。在不同位置锁定肌肉，反复拉伸。以坐姿治疗客户股内侧肌的扳机点会比较容易。

胫骨前肌上的扳机点

胫骨前肌上的扳机点位于小腿上部1/3处（图7.46），其疼痛会延伸至大脚趾和踝关节的前部。这个扳机点很容易辨认，就在胫骨嵴的外侧。踝关节或足部创伤会激活胫骨前肌的扳机点。

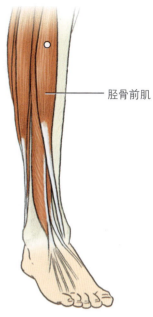

胫骨前肌

用主动-辅助软组织放松治疗胫骨前肌：侧卧位

这个操作需要治疗师锁定客户的胫骨前肌。客户可以仰卧，不过，为了更好地锁定胫骨前肌，客户应当采取侧卧姿势，并且用一个长枕头支撑腿部，如图7.47所示。注意，治疗师可将左手放在治疗床上，支撑自己的身体，以避免腰部拉伤。

第1步：治疗师要求客户勾起脚趾，找到胫骨前肌，在客户踝关节背屈时锁定胫骨前肌（图7.47）。

图7.46 胫骨前肌上的扳机点

胫骨前肌是羽状肌，照片中的治疗师选择用自己的肘部轻轻锁定，锁定的压力朝向膝关节。

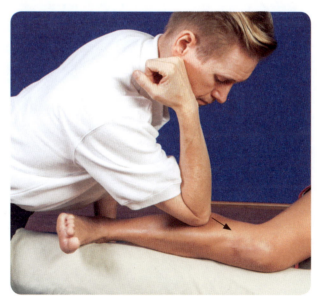

图7.47 客户侧卧，治疗师用肘关节轻轻锁定胫骨前肌

第2步：保持锁定，要求客户绷直脚趾（图7.48）。

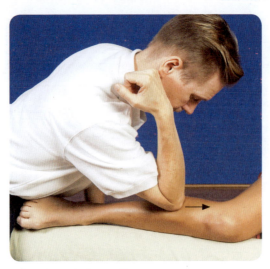

图7.48 客户主动趾屈踝关节，以拉伸胫骨前肌

第3步：客户的脚趾一旦绷直，治疗师立刻松开锁定，在距离第1个锁定点稍远处选一个新的锁定点。治疗师在客户踝关节背屈时对肌肉进行锁定并拉伸，在客户感觉到比较舒适的拉伸感的情况下，从肌肉的近端至远端逐步移动锁定点然后拉伸肌肉。

小贴士 胫骨前肌的稍远端就是肌腱，因此没有必要沿胫骨前肌移动锁定点直至踝关节；而且这么做会引起客户不适，因为胫骨前肌位于胫骨外侧。

优点：

- 对这个肌群做被动或主动软组织放松都极其困难，所以主动－辅助软组织放松是个不错的选择。
- 如果你有信心在客户仰卧时准确找到胫骨前肌，就可以把主动－辅助软组织放松整合到客户呈仰卧姿势的按摩疗程中。
- 此方法是缓解胫骨前肌中的扳机点的有效方法。

注意事项：

- 如果用拇指锁定肌肉，可能会导致拇指受伤。
- 用肘部锁定肌肉时，应注意避免压力过大，压力过大会损伤肌肉组织。

用主动－辅助软组织放松胫骨前肌：俯卧位结合按摩油按摩

第1步：客户采取俯卧位，治疗师取少量按摩油或按摩蜡涂抹于客户小腿前侧皮肤表面。

第2步：客户主动屈屈膝关节，趾屈踝关节，治疗师手握松拳从客户踝关节开始沿胫骨前肌轻轻滑动，达到按摩、放松的目的（图7.49）。

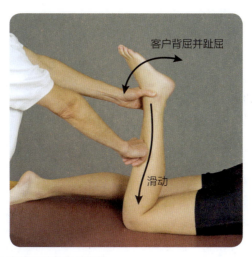

客户背屈并趾屈

滑动

图7.49 在胫骨前肌上实施滑动软组织放松

优点：

- 客户仰卧，为其治疗胫骨前肌，意味着治疗师能够很轻松地将该技术整合到日常按摩计划中。

注意事项：

- 利用这种姿势治疗时，几乎不能发挥杠杆作用，因此拉伸的力度会比较柔和，而这并不适用于所有客户。
- 滑动软组织放松不能治疗扳机点，因为在整个过程中治疗师不能创建锁定点。

治疗经验

我曾经用主动－辅助软组织放松结合按摩油按摩来治疗客户的胫骨前肌。这名客户为了戒烟开始跑步，他认为自己可以刻苦地训练，因此每天都跑步，但持续3周之后由于胫骨前肌疼痛而不得不中止跑步计划。排除应力性骨折之后，我为这名客户每周实施2次软组织放松和轻柔按摩，共持续3周。经过一段时间的按摩和休息，这名客户又可以重新开始慢跑。

腓骨肌上的扳机点

腓骨肌群的扳机点会使疼痛延伸至外踝、踝关节前外侧和脚跟（图7.50）。客户采取侧卧位时，治疗师很容易通过触诊找到扳机点。注意，触诊腓骨肌近端肌肉时用力不要过大，因为这里是腓骨神经所在区域，用力过大会引起客户产生酸麻感，给客户造成不适。

任何原因造成的踝关节长期不动都可能使扳机点持续存在，在这一区域有扳机点的客户可能会反馈自己经常扭伤踝关节或感觉踝关节不稳定。其他导致扳机点长期存在的因素包括长短腿、扁平足、穿高跟鞋和长时间跖屈踝关节。

在一项随机对照试验中，罗西等人（Rossi et al，2017）研究了针对有外侧踝关节扭伤史的患者的治疗中，在脊柱和外周使用干针疗法的效果是

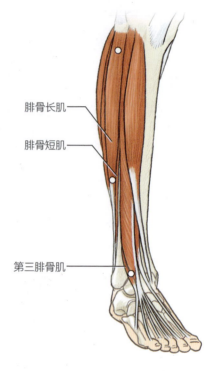

图7.50 腓骨肌上的扳机点

腓骨长肌

腓骨短肌

第三腓骨肌

否优于仅在外周使用干针疗法的效果。20名有外侧踝关节扭伤史的受试者被随机分成2组，一组接受干针治疗多裂肌和腓骨肌的扳机点；而另一组仅接受干针治疗腓骨肌的扳机点。研究者记录基线数据和治疗6～7天后的数据。测量指标包括足踝功能障碍指数、坎伯兰踝关节不稳量表、单侧力量、平衡和跳跃测试成绩以及视觉模拟疼痛量表的数值。试验结果表明，这两组的测试结果没有十分明显的区别。于是研究者得出结论：与仅用干针治疗腓骨肌扳机点相比，用干针治疗腓骨肌扳机点同时辅助干针治疗多裂肌在短期内不会取得更好的效果。

用主动－辅助软组织放松技术治疗腓骨肌：侧卧位

第1步：客户侧卧，同时外翻脚掌（治疗师做一个示范动作帮助其理解）。治疗师锁定此时处于收紧状态的肌肉，锁定时施加的压力要朝向膝关节方向（图7.51）。为方便展示，照片中的治疗师选择用双手拇指锁定肌肉。替代办法为，治疗师用肘部锁定，注意控制力道，避免挫伤腓骨肌。

图7.51 使用双手拇指锁定腓骨肌

第2步：保持锁定，同时要求客户内翻脚掌（可以先向客户示范一下内翻脚掌动作，然后请客户"向内侧转动"脚掌，而不用"内翻"这个词），如图7.52所示。

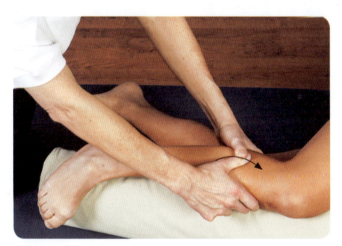

图7.52 治疗师保持轻柔锁定的同时，客户内翻脚掌对腓骨肌形成拉伸

第3步：当客户表明有拉伸感，并且这种拉伸感比较舒适时，治疗师就可以沿肌肉从近端到远端移动锁定点，逐段拉伸肌肉。

小贴士 有扁平足的客户一般会出现腓骨肌紧张，这类客户做这个拉伸动作益处较多。

优点:

- 主动–辅助软组织放松适合放松这块肌肉,因为对这块肌肉做被动或主动软组织放松都非常困难。

注意事项:

- 如果过度使用拇指,这套拉伸动作会造成拇指损伤。
- 用肘部锁定肌肉时,锁定力度过大会造成肌肉损伤。

臀肌上的扳机点

在臀肌的3部分肌肉中都有扳机点，部分扳机点已在图7.53中标明。臀大肌上的扳机点靠近骶骨外侧缘；臀中肌上的扳机点则位于髂嵴下方，还有扳机点在臀小肌上。臀大肌上的扳机点会将疼痛延伸至骶骨关节处，也会导致半边臀部疼痛。当客户呈侧卧位时，治疗师很容易辨识扳机点的位置。臀大肌的扳机点与腘绳肌

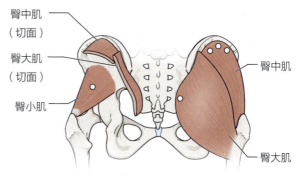

臀中肌（切面）
臀大肌（切面）
臀小肌
臀中肌
臀大肌

图7.53 臀肌上的扳机点

和腰部竖脊肌的扳机点有关，这些扳机点是由于长时间保持坐姿和需要经常重复髋关节和脊柱伸展的活动而产生的，如重复提起重物等。

臀中肌上的扳机点会导致骶骨、骶髂关节和同侧臀部疼痛。客户侧卧或俯卧时，治疗师通过触诊，用手指从髂嵴向下滑动即能找到扳机点。臀中肌的扳机点可能比其他臀肌的扳机点更多，存在于臀中肌的扳机点由步态异常引起，步态异常可能是由下肢不等长或莫顿足（第二趾长于大拇指）引起。长时间保持坐姿和反复屈曲髋关节也会使扳机点加重。

臀小肌上部可能出现扳机点，这些扳机点会导致臀部以及该侧大腿外侧及腿部疼痛。客户采取仰卧位，治疗师通过触诊，用手指向后至臀小肌滑动即可找到位于阔筋膜张肌的扳机点。这是一块深层肌肉，治疗师在此处很难轻易识别出特定的扳机点，但在这里施加压力可能会产生轻微的压痛。久坐、久站或长时间不动会加重臀肌的扳机点的疼痛，而且它们与腰方肌的扳机点有关。

对于所有治疗，测量其有效性是非常重要的。第2章提供了几种测试的示例，如直腿抬高测试，这是一种测试髋关节活动范围的方法，也可用于测试髋关节伸肌的长度。于格南等人（Huguenin et al., 2005）研究了用干针治疗臀肌扳机点后对直腿抬高和髋内旋的影响。研究人员将59名男性跑步运动员随机分为两组，一组接受干针治疗臀肌的扳机点，另一组则是在臀肌扳机点上注射安慰剂（安慰剂是实验用的无效对照剂）。在接受干针注射治疗一组中，大多数受试者反馈其扳机点位于"臀部外上象限"。在安慰剂组的受试者中，研究人员仅用针头接触皮肤而未真正注射。直腿抬高测试和髋内旋测试是在基线、治疗干预后24小时和治疗干预后72小时进行的，测试结果以表格形式列出。

视觉模拟疼痛量表的测试结果也被记录下来。实验结束后，两组的视觉模拟疼痛量表的测试结果没有很大的差异，但是两组受试者的测试结果在腘绳肌张力、腘绳肌痛感和臀肌张力3个方面确有明显改善。研究者的结论如下：（1）通过直腿抬高和髋内旋试验测量的运动范围的假定限制可能与症状无关；（2）干针治疗对这些肌肉的肌肉长度没有影响；（3）使用的实验结果测量指标不适合用于测量干针治疗扳机点引起的变化。

用被动软组织放松技术治疗臀肌：俯卧

第1步：客户采取俯卧姿势，治疗师一只手抓住客户靠近自己一侧的脚踝，帮助客户屈曲膝关节，用肘关节、拳或拇指轻轻锁定臀肌软组织。治疗师用其肘关节锁定了客户臀中肌的肌纤维，如图7.54所示。

图7.54 治疗师用肘关节轻轻锁定臀肌

第2步：保持锁定，治疗师通过将客户的脚踝拉向自己或推向远离自己的方向试着旋转客户的股骨，通过不断尝试找到客户感觉拉伸最强烈的部位（图7.55）。

图7.55 保持锁定，治疗师通过旋转客户的股骨产生拉伸感

优点：

- 这个方法很简单，并且能够整合到被动软组织放松的按摩日常计划中。
- 这个方法处理臀肌上的扳机点非常有效。

注意事项：

- 用肘关节锁定时，用力过大会造成臀肌软组织损伤。
- 通过这种方式实施软组织放松技术很难解除臀小肌的扳机点，因为臀小肌朝向臀部前方。

用主动－辅助软组织放松技术治疗臀肌：侧卧

第1步：客户侧卧，髋部处于自然状态，治疗师用前臂（靠近肘的部位）在臀肌上方朝骶骨方向用力按压并锁定臀肌（图7.56）。

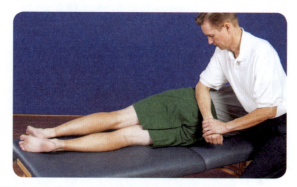

图7.56 客户髋部处于自然状态，治疗师朝骶骨方向按压锁定臀肌

第2步：保持锁定，同时要求客户屈曲髋关节，也可以要求客户上抬膝关节至胸部（图7.57）。

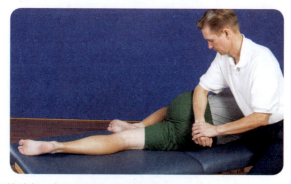

图7.57 治疗师保持锁定，客户屈曲髋关节产生拉伸感

第3步：治疗师根据客户的感觉确定拉伸效果最明显的区域，然后沿拉伸效果最明显的肌肉边缘移动锁定点，反复进行逐段拉伸，持续数分钟。

小贴士 对臀肌实施主动－辅助软组织放松是一项极具挑战性的工作，治疗师需要经过反复尝试，才能找到正确锁定肌肉的位置。不过，随着实践经验的累积，治疗师会很容易找到更需要拉伸的部位，锁定这个部位的时候，拉伸程度最大。

优点：

- 对于那些不能俯卧的客户来说，以侧卧的姿势对其实施主动－辅助软组织放松技术治疗臀肌是一个很好的解决办法。
- 当客户俯卧时，对其实施软组织放松技术、锁定臀小肌是非常困难的。然而，当治疗师适当降低治疗床的高度后，用此法治疗臀小肌就变得非常容易，而且治疗师也不会觉得很累。
- 治疗师通过练习能够准确定位臀大肌上的扳机点，利用这种姿势可以解除这些扳机点。

注意事项：

- 在练习之初，治疗师要在平衡客户侧卧姿势的同时，准确找到肌肉锁定点非常具有挑战性。

用主动软组织放松技术治疗臀肌：站姿

第1步：背靠墙站立，将小球置于半边臀部和墙面之间（图7.58）。

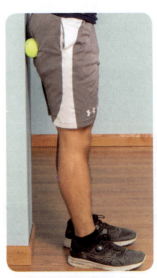

图7.58 利用软组织放松技术治疗臀肌之前放置好小球

第2步：慢慢屈曲髋关节，使膝关节靠近胸部（图7.59）。

图7.59 主动屈曲髋关节，使臀肌产生拉伸感

小贴士 为了拉伸臀中肌和臀小肌，需要改变姿势，使背部远离墙壁，或站着时身体一侧几乎贴着墙壁，因为不仅要屈曲髋关节，还要内收臀部。要注意用小球锁定之后，髋关节如何内旋才能拉伸臀肌的某些部位。

优点：

- 主动软组织放松技术有利于解除臀肌扳机点。

注意事项：

- 实施此技术时，要求一条腿站立，另一条腿做屈曲髋关节的动作，因此，对于平衡感较差的人来说，此法不容易实施。

股外侧肌上的扳机点

髂胫束是一种加厚的筋膜，位于大腿外侧，覆盖在股外侧肌上（图7.60）。图中的小点就是可能出现在肌肉上的扳机点，这些扳机点会引起从髋关节到膝关节的大腿外侧疼痛。当客户处于仰卧位时，触诊这些扳机点，要让客户稍微远离你，这样客户离你近的大腿外侧部分就可以从沙发上稍微抬起一点，方便触诊。由于被厚筋膜覆盖，这些扳机点很难识别。

帕夫科维奇（Pavkovich, 2015）指出，一个受试者是在休养中的徒步者，他有慢性外侧髋关节炎和大腿疼痛的症状，帕夫科维奇用下肢功能量表和四重视觉模拟量表对其股外侧肌4个扳机点以及臀大肌、臀中肌、梨状肌和大转子区的扳机点进行测试后发现，治疗后情况均

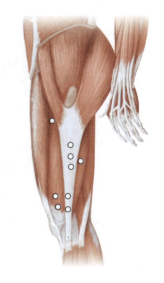

图7.60 股外侧肌上的扳机点

有所改善。对扳机点实施干针治疗，每周2次，治疗周期为8周。客户反馈很好，觉得与之前相比生活质量有了很大提高：晚上睡觉时他可以在患侧入睡，他还可以在感觉不到任何疼痛的情况下走更远的路、站更长的时间。于是研究者得出结论：受试者下肢力量得到改善并且推测这种改善是由于受试者疼痛减轻和走路姿势改进而获得的。

用主动－辅助软组织放松技术治疗股外侧肌：侧卧

第1步：客户采取侧卧姿势，以能够舒适屈曲膝关节；如果治疗床让客户感觉不舒服，可以在客户膝关节下与治疗床边缘接触的地方垫一块小毛巾或一块海绵。随着膝关节伸展，治疗师用松拳锁定大腿外侧肌肉，所施加的压力朝向客户髋关节（图7.61）。

图7.61 在实施主动－辅助软组织放松技术之初，治疗师用松拳锁定髂胫束

第2步：保持锁定，让客户慢慢屈曲膝关节（图7.62）。

图7.62 客户主动屈曲膝关节，对髂胫束产生拉伸感

第3步：在比第一个锁定点更靠近近端的位置，选择一个新的锁定点，重复上述步骤。

由于主动－辅助滑动软组织放松技术可以用于治疗小腿肌群和胫骨前肌，治疗师可以将该技术调整为滑动软组织放松。只需在开始的时候涂抹适量按摩油，然后将锁定点置于膝关节上方，在客户主动屈曲、伸展膝关节的同时，治疗师将锁定点自膝关节滑向髋关节。

优点：

• 这一技术经过简单调整，就能成为滑动软组织放松技术。

注意事项：

• 这种侧卧姿势不适用所有客户。同时，治疗师要注意保护与治疗床接触的膝关节。

髂肌上的扳机点

髂肌上的扳机点位于髂肌肌肉组织上部，正好位于髂骨前面的髂嵴下方（图7.63）。它们的存在会导致大腿前侧上部疼痛。客户采取侧卧姿势，治疗师触诊时，手指内扣，轻轻抠住髂嵴，手指向自己一方施加压力（图7.64）。长时间屈曲髋关节会加重扳机点的症状，而这里的扳机点又与腰大肌和腰方肌的扳机点有关联。弗格森（Ferguson, 2014）提供了3项先天性脊柱侧凸病例研究的示例，描述了肌肉（包括髂肌）中的扳机点如何影响脊柱形状。

欧等人（Oh et al., 2016）描述了如何利用充气的气球，帮助一组患有慢性腰痛的老年受试者解除一定范围内肌肉上的扳机点，其中包括髂肌上的扳机点。所有受试者的臀大肌、臀

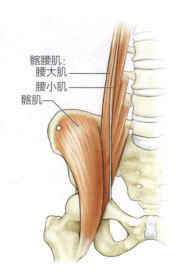

图7.63 髂肌上的扳机点

中肌、髂腰肌和腰方肌中至少一侧有扳机点，而且这些扳机点的存续时间都超过2个月。治疗髂腰肌的扳机点时，客户保持俯卧姿势；伤痛一侧髋关节外展约45°，膝关节屈曲90°。通过治疗，视觉模拟疼痛量表得分、压力疼痛敏感性和腰椎屈曲度均有很明显的变化。

用主动－辅助软组织放松技术治疗髂肌：侧卧

这个拉伸动作适合髋屈肌张力较高的客户。治疗师在实施拉伸前，应征得客户同意，并告诉客户自己会把手放在哪里，这一点非常重要。

第1步：客户侧卧，屈曲髋关节，治疗师在髂骨位置前面锁定髂肌（图7.64）。

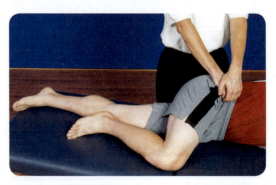

图7.64 客户采取侧卧位，治疗师锁定髂肌

第2步：保持锁定，要求客户伸直双腿，这个动作会带动髋关节同时伸展（图7.65）。

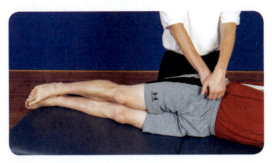

图7.65 治疗师保持锁定，客户伸展髋关节并拉伸髂肌

由于待拉伸肌肉体积较小，因此同一个地方可能会锁定多次，或者锁定点之间的距离只有1厘米。这样拉伸3次通常就可以释放髋部的张力。

如果客户要求增加拉伸的力度，而不是增大手指锁定力度，可以让客户在拉伸即将结束时伸髋，或要求客户在拉伸即将结束时用髋部向前顶治疗师的手指。

小贴士 锁定髂肌可能不是那么容易。对此也有一个办法，就是要求客户把手放在这个部位，然后再压在客户手上。除此之外，还可以取一条对折成四分之一大小的毛巾，隔着这块毛巾按压以锁定肌肉。

优点：

- 主动-辅助软组织放松适合拉伸这个部位，因为对这个部位实施被动或主动软组织放松都极其困难。
- 侧卧时，腹部内的脏器往下沉，因此，客户呈侧卧位比仰卧位更安全。

注意事项：

- 这个拉伸动作需要治疗师用很大的力才能握住肌肉。
- 待拉伸部位难以锁定。
- 有些客户可能会觉得这个动作有些不礼貌。

治疗经验

一名办公室清洁工因为腰部疼痛前来治疗，检查显示该客户髋屈肌的肌张力非常大。客户需要频繁地跪着干活，髋关节几乎完全屈曲，导致其髋屈肌收紧变短、腰椎拉伤。在用一个小型骨架向她解释了拉伸流程之后，我隔着衣服为她做软组织放松，帮她拉伸髂肌，共拉伸4周，并教她对髋部做主动软组织放松的方法。之后她的疼痛得到了有效缓解。

小问题

1. 对腘绳肌做软组织放松时，应注意避免锁定哪个身体结构？

2. 对小腿肌群做被动软组织放松时，为什么要用治疗师的大腿背屈客户的踝关节？

3. 对脚掌做主动软组织放松时，应该站在球上吗？

4. 对腓骨肌做软组织放松时，哪类客户的拉伸感特别强烈？

5. 治疗髂肌时客户应采取什么姿势，俯卧、仰卧还是侧卧？

第8章

上肢软组织放松

本章讲解如何对上肢实施软组织放松，主要以对比的形式，介绍如何对上肢的主要肌群实施被动、主动–辅助和主动软组织放松。同样要注意，并非对所有上肢肌群都可以做这3种形式的软组织放松（具体参见表8.1）。

表8.1　上肢肌肉适用的软组织放松类型

肌肉	被动	主动–辅助	主动
肱三头肌	√	√	√
肱二头肌	√	√	√
肩内收肌	√	—	—
冈下肌	—	√	—
手腕及指伸肌	√	√	√
手腕及指屈肌	√	√	√

■ 被动软组织放松：被动软组织放松可用于除了冈下肌以外的其余上肢肌肉，因为在锁定冈下肌的同时，要将客户整个上肢向内旋转是不可能的。

■ 主动–辅助软组织放松：主动–辅助软组织放松适用于除肩内收肌外的其余上肢肌肉。这是因为在处理肩内收肌这个部位时，治疗师很难找到一个不妨碍客户手臂活动的位置来维持锁定。

■ 主动软组织放松：尽管在本章没有介绍肩内收肌和冈下肌软组织放松的相关内容，但是主动软组织放松可用于上肢所有的肌肉。

本章将详细说明对上肢肌肉做被动、主动–辅助或主动软组织放松的具体流程，同时还提供了一些可以帮助你掌握软组织放松实施技术的小贴士。

肱三头肌上的扳机点

整个肱三头肌上都可能出现扳机点（图8.1），包括侧头肌肉和长头肌肉。侧头肌肉上的扳机点会导致上臂后侧疼痛，有时还会引起前臂后侧甚至是第四和第五根手指疼痛。长头肌肉上的扳机点主要导致肩、肘部疼痛，甚至引起上臂后侧和前臂疼痛。这部分肌肉的扳机点持续存在的原因多是重复进行肘关节伸展。客户采取俯卧姿势，治疗师触诊这些扳机点时，要求客户外展肩关节，屈曲肘关节，前臂置于治疗床边缘。然后，治疗师用指尖按压肌肉，从远端到近端逐步操作。

尼尔森（Nielsen, 1981）描述了如何为一名59岁患有肩痛的牙

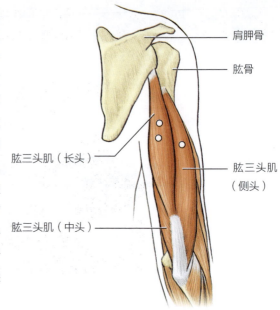

图8.1 肱三头肌长头和侧头上的扳机点

医，从肱三头肌开始治疗上肢扳机点。这名受试者是一个美式壁球运动的爱好者，扳机点引发的疼痛向下延伸至手臂和手。尼尔森检查了他每只手臂上的肌肉，包括大圆肌和背阔肌。所有被识别出来的扳机点都通过冷喷雾和拉伸技术进行治疗：先将冷喷雾喷到肌肉上，随后进行拉伸。

小贴士 如果治疗师通过触诊确定肱三头肌上的扳机点，客户产生麻痛感，这是治疗师施加压力于桡神经造成的。如果治疗师减轻施加的压力或将触诊点移开，这种麻痛感就会消失。

用被动软组织放松技术治疗肱三头肌：俯卧，抓握锁定

第1步：客户俯卧，治疗师要确保客户的肘关节可以自由屈曲。治疗师帮助客户被动伸展肘关节，收紧肱三头肌。治疗师将手放在肱三头肌起点附近以锁定肌肉，朝肩膀方向按压肱三头肌（图8.2）。

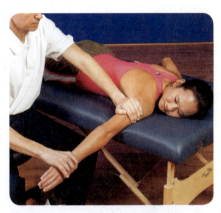

图8.2 对肱三头肌实施横向锁定

第2步：保持锁定，缓慢屈曲客户的肘关节（图8.3）。

图8.3 治疗师拉伸客户的肱三头肌

第3步：治疗师松开肌肉锁定，伸展客户肘关节。同时，治疗师在比之前更远的地方找一个新的锁定点，从肩膀向肱骨远端移动锁定点，逐段拉伸。随着锁定点移动到肘部，客户将感受到更加强烈的拉伸感。

优点：

- 这个拉伸动作比较容易实施，因为拉伸肱三头肌不需要很大的锁定力度。
- 治疗师通过设置特定的锁定点，可以有针对性地拉伸肌肉的特定部位，尤其是扳机点。

注意事项：

- 这套拉伸操作允许客户在俯卧位实施，所以它相对比较容易整合到整体按摩治疗中。
- 你可能需要移动客户的身体，确保客户的手臂完全放在治疗床上。

用主动－辅助软组织放松技术治疗扳机点：俯卧，拇指锁定

第1步：客户采取俯卧姿势，治疗师在其肱三头肌上创建一个锁定点（图8.4）。

图8.4 锁定肱三头肌

第2步：客户弯曲肘关节（图8.5）。

图8.5 主动屈曲肘关节使肱三头肌产生拉伸感

优点：

- 主动–辅助软组织放松技术允许治疗锁定肌肉的某一特定点，包括扳机点，必要时还可以使用双手拇指加强锁定。

注意事项：

- 反复伸展肘关节并使手臂回到起始位置，会造成手臂肌肉疲劳，并且以这样的姿势治疗，客户在反复伸展手臂时还要克服重力，这样就增加了手臂肌肉疲劳的可能性。

小贴士　如果使用此法解除肱三头肌上的扳机点，治疗后，治疗师要指导客户对肱三头肌进行拉伸。当客户的手臂放在治疗床上时，其肘关节不能完全屈曲，这也是此治疗姿势造成的。

用主动软组织放松技术治疗肱三头肌：坐姿或站姿

第1步：一只手臂往前伸展，另一只手抓住肱三头肌（图8.6）。

图8.6　抓住肱三头肌

第2步：抓住肱三头肌的手要持续抓住肌肉，缓慢屈曲肘关节（图8.7）。

图8.7　保持抓握锁定，主动屈曲肘关节产生拉伸感

有些人肱三头肌没有拉伸感。不过，肘关节长时间活动或反复屈曲之后，如打网球后，大多数人能够感受到肱三头肌的拉伸感。经常通过伸展肘关节来为客户做按摩的治疗师可以在治疗间隙为自己的肱三头肌做主动软组织放松。

优点：

- 这是一个比较容易实施的拉伸动作。
- 虽然很难主动锁定小块肌肉，但是将手臂放置在桌面上，将网球状小球置于肱三头肌之下，并将网球状小球对准需要锁定的肌肉组织或扳机点，这样就能顺利完成局部锁定。

注意事项：

- 向肩膀方向按压肌肉可以收紧较松弛的肌肉，进而更好地拉伸肌肉。但是，受肱三头肌的位置所限，主动朝肩膀方向按压比较困难，因此，肱三头肌主动软组织放松的效果不如被动软组织放松的效果好。

肱二头肌上的扳机点

　　扳机点可能会出现在肱二头肌的长头和短头上，如图8.8所示。它们的出现会导致手臂前侧疼痛，疼痛范围近端到达肩关节，远端到达肘关节。这些扳机点长期存在的原因是长期重复使用肱二头肌（屈肘、手臂负重或前臂外旋）。例如，手提沉重的购物袋，总是重复提起、放下重物，或者长期用螺丝刀手动拧螺丝。有时客户略屈曲肘关节时，治疗师比较容易通过触诊找到这些扳机点。从肌肉远端开始，朝着肩关节方向，治疗师可以用手指逐步触碰肌纤维，找到扳机点。

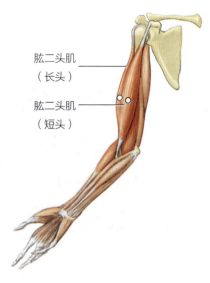

肱二头肌
（长头）

肱二头肌
（短头）

图8.8　肱二头肌上的扳肌点

用被动软组织放松技术治疗肱二头肌：仰卧

　　第1步：客户仰卧，治疗师帮助其被动屈曲肘关节，治疗师一只手放在客户肱二头肌上，朝腋窝方向按压，轻轻锁定肱二头肌，收紧较松弛的肌肉部分（图8.9）。

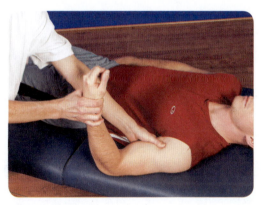

图8.9　治疗师用拇指锁定客户的肱二头肌

第2步：保持锁定，同时缓慢伸展客户的肘关节（图8.10）。

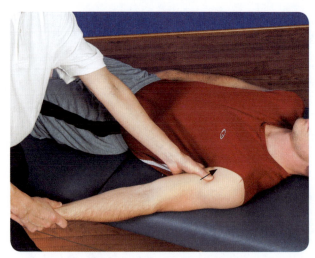

图8.10 保持锁定，帮助客户被动伸展肘关节，使其肱二头肌产生拉伸感

第3步：从肩关节肌肉近端附近向肘关节移动锁定点，注意避免按压肘窝。

小贴士 利用软组织放松技术拉伸肱二头肌、解除扳机点时，请注意，由于肱二头肌是前臂旋后肌，因此除了伸展肘关节，实施其他操作时要让客户手掌朝上。

优点：

• 锁定肱二头肌不需要太大的力度，因此这是一个比较容易实施的拉伸操作。
• 可以让客户在仰卧位做这套动作，因此这套动作相对比较容易整合到整体按摩治疗中。

注意事项：

• 肱二头肌的体积较大块且其形状是圆柱形，因此不容易被锁定。

用被动软组织放松技术治疗肱二头肌：仰卧滑动按摩

第1步：若要将被动软组织放松调整成滑动软组织放松，要先在肱二头肌表面涂抹按摩油。

第2步：治疗师略弯曲客户肘关节，并将松拳置于肌肉远端。治疗师用松拳从客户肘关节滑向肩关节，同时伸展客户肘关节（图8.11）。

图8.11 对客户肱二头肌实施滑动软组织按摩技术

优点：

- 在对这一区域的软组织实施锁定后，这种按摩技术会让客户感到舒适，而且能够完成有效拉伸。

注意事项：

- 滑动软组织放松技术不能解除局部扳机点。

用主动－辅助软组织放松技术治疗肱二头肌：仰卧

第1步：客户采取仰卧姿势，主动屈曲肘关节。治疗师在肌肉近端实施锁定（图8.12）。

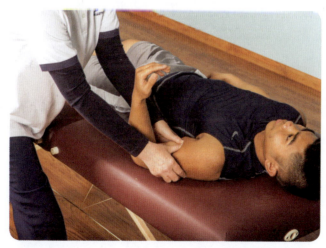

图8.12 锁定肱二头肌近端肌肉

第2步：保持锁定，客户主动伸展肘关节（图8.13）。

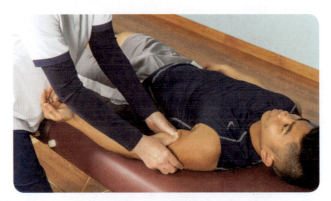

图8.13 治疗师保持锁定，客户主动伸展肘关节拉伸肱二头肌

第3步：重复实施上述操作，从第一个锁定点开始，接着逐次锁定更远一些的部位，逐步完成整块肌肉的锁定。

优点：

• 主动–辅助软组织放松技术有利于锁定局部肌肉，包括扳机点，必要时可以施以较大的压力。

注意事项：

• 将软组织放松技术整合到系统的按摩技术中后，有的治疗师不喜欢客户参与治疗，这时被动软组织放松技术则是治疗肱二头肌的有效方法。

用主动软组织放松技术治疗肱二头肌：坐姿或站姿

第1步：一只手的肘关节屈曲，另一只手轻轻抓住肱二头肌（图8.14）。

图8.14 主动抓住肱二头肌

第2步：保持锁定，慢慢伸展肘关节（图8.15）。

图8.15 保持抓握锁定，慢慢伸展肘关节，拉伸肱二头肌

在需要长时间或反复进行肘关节屈曲的活动之后，对肱二头肌做软组织放松会感觉非常舒服。此类活动包括划船、挖掘或搬运等。

优点：

- 这是一种比较容易实施的软组织放松。

注意事项：

- 对小块的肌肉实施主动锁定会比较困难，因此锁定并拉伸肌肉特定部分是一项富有挑战性的工作，包括锁定扳机点。不过，用一个小球按压局部肌肉或扳机点能够提升锁定效果。
- 朝肩膀方向施压并收紧较松弛的肌肉比较难，因此拉伸的效果会受到一定程度的影响。

肩内收肌上的扳机点

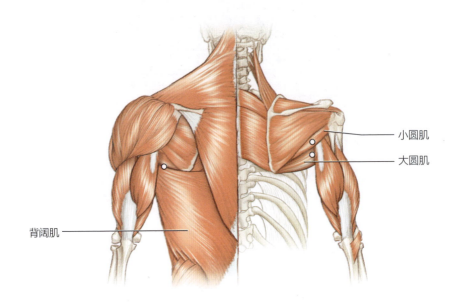

小圆肌

大圆肌

背阔肌

图8.16 大圆肌、背阔肌和小圆肌上的扳机点

　　肩内收肌包括大圆肌、小圆肌和背阔肌（图8.16），这些肌肉都会产生扳机点，有的地方出现扳机点的频率较高。大圆肌和小圆肌上的扳机点会引起三角肌后部疼痛，而背阔肌上的扳机点会导致肩胛骨下角和整个上肢前侧和后侧疼痛。反复内收手臂的动作会导致这些扳机点持续存在。客户采取俯卧或仰卧姿势，手臂外展90°，治疗师通过触诊找到扳机点位置：如果客户采取仰卧姿势，治疗师触诊腋下后侧时，可以用食指和拇指轻轻捏住肌肉；如果客户采取俯卧姿势，治疗师则沿肩胛骨外侧操作，确定扳机点位置。

用被动软组织放松技术治疗肩内收肌：俯卧

　　第1步：客户俯卧，手臂外展90°，治疗师锁定其软组织。腋窝处比较敏感，不容易实施锁定，因此治疗师可以用手掌实施锁定，并用另一只手施加一些牵引力，以帮助收紧松弛的皮肤（图8.17）。

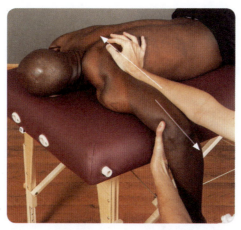

图8.17 治疗师用手掌锁定肩内收肌后部，另一只手施加牵引力

第2步：保持锁定，帮助客户外展手臂（图8.18）。当你在肩关节处轻轻牵引时，请随时注意客户的感觉，避免牵引过度，同时要避免对有肩关节半脱位或脱位病史的客户实施此项操作。

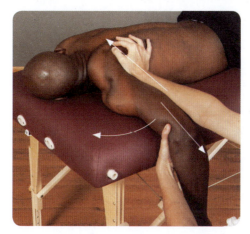

图8.18 保持锁定，帮客户外展手臂；外展时的牵引使肩内收肌后部得到拉伸

优点：

- 这种拉伸操作很容易实施，而且大多数客户感觉比较舒适。
- 治疗师也可以用拇指锁定客户扳机点并解除它们。

注意事项：

- 这个部位特别敏感，使用拇指锁定可能会让某些客户感到不舒服。

用被动软组织放松技术治疗肩内收肌：侧卧

第1步：客户侧卧，治疗师一只手抓住客户的手臂，向头部方向伸展，使客户手臂与身体约成110°，用另一只手的肘部或前臂锁定其肩内收肌。

第2步：治疗师用前臂或肘关节保持锁定，帮助客户伸展其手臂（图8.19和图8.20）。

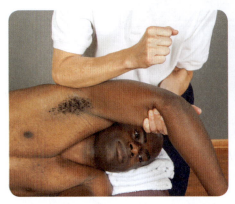 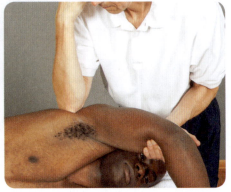

图8.19 用前臂保持锁定，帮助客户被动拉伸肩内收肌

图8.20 用肘关节保持锁定，帮助客户被动拉伸肩内收肌

冈下肌上的扳机点

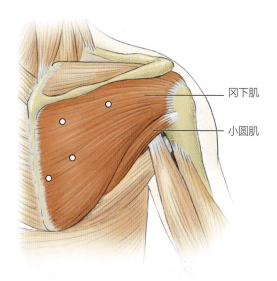

冈下肌

小圆肌

图8.21 冈下肌上的扳机点

冈下肌中的扳机点可能遍布整块肌肉（图8.21）。这些扳机点会导致肩关节前部和肩胛骨内侧缘疼痛，引发手臂前外侧疼痛。客户采取俯卧姿势，手臂自然放置在身体两侧，治疗师通过触诊寻找扳机点。这里的扳机点多是过度负重，而不是过度使用产生的。

伊达尔戈–洛扎诺等人（Hidalgo–lozano et al., 2010）研究了12名单侧肩部撞击受试者中扳机点和压力疼痛痛觉过敏之间的关系，其中42%的受试者冈下肌中有扳机点。研究人员要求受试者在疼痛评定量表上对疼痛进行评分，并在身体地图上绘制疼痛位置。研究人员测量不同扳机点的压力疼痛阈值，并将其与未发生肩部撞击的控制组受试者进行比较。结果发现，两组的数值差异十分明显。例如，实验组的受试者有活跃和潜在的扳机点，而控制组受试者只有潜在扳机点，试验后，实验组的压力疼痛阈值显著降低。在实验组中，疼痛强度与扳机点的数量正相关；扳机点的数量越多，受试者反馈的疼痛程度越高。

用主动–辅助软组织放松技术治疗冈下肌：俯卧

第1步：开始时，客户俯卧，双臂外旋放在身体两侧。简单来说就是要求客户将手掌翻转过来，掌心朝下放置在治疗床上，因为大多数客户在俯卧时习惯将手背朝下置于治疗床上。治疗师用拇指锁定冈下肌（图8.22）。

213

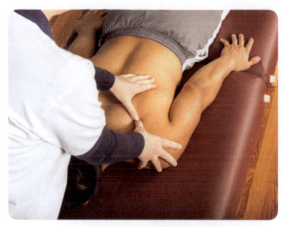

图8.22 客户俯卧，双臂外旋置于治疗床上，治疗师锁定其冈下肌

第2步：保持锁定，客户手背朝下（图8.23）。

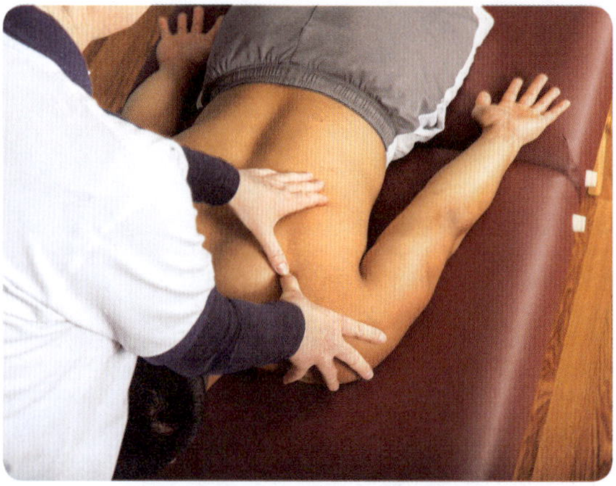

图8.23 治疗师保持锁定，客户内旋手臂，冈下肌产生拉伸感

优点：

- 此法用于解除冈下肌扳机点非常有效。

注意事项：

- 当客户内旋手臂时，治疗师很难锁定冈下肌。

手腕及指伸肌上的扳机点

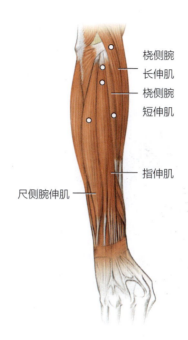

桡侧腕
长伸肌

桡侧腕
短伸肌

指伸肌

尺侧腕伸肌

图8.24 手腕及指伸肌上的扳机点

　　扳机点会出现在尺侧腕伸肌、桡侧腕长伸肌、桡侧腕短伸肌和指伸肌上，如图8.24所示。尺侧腕伸肌上的扳机点会导致手腕一侧尺骨疼痛；桡侧腕长伸肌上的扳机点通常会导致肱骨外上髁疼痛，有时会导致手背桡侧疼痛；桡侧腕短伸肌则会导致腕背和手背疼痛。指伸肌上的扳机点会导致中指和无名指的指背及肱骨外上髁疼痛。治疗师用手指轻轻按揉肌纤维即可确定扳机点位置。按揉时，可能会感觉到多个组织带。长时间提握重物会加重扳机点，如长时间提着很沉的购物袋。位于尺侧腕伸肌的扳机点症状会因为腕尺骨偏侧而加重，如长期使用鼠标便会加重此处扳机点。西蒙斯、特拉维尔和西蒙斯（Simons, Travell and Simons, 1999）曾记录斜角肌上的扳机点会导致周边桡侧腕伸肌和尺侧腕伸肌上的扳机点疼痛，指伸肌上的扳机点会因为长期重复手指动作而持续存在，如打字或弹钢琴。

　　冈萨雷斯–伊格莱西亚斯等人（Gonzalez-Iglesias et al., 2011）研究了多模态治疗对9名被诊断患有肱骨外上髁炎的攀岩者的影响。所有受试者均完成了网球肘患者自行评估量表，并在基线、第3次访视后和2个月后测试了他们的压力疼痛阈值。对桡侧腕短伸肌施加压力会重现症状，后续治疗包括对该肌肉的扳机点实施干针疗法，以及颈椎棘突和腕部手法处理、活动肘关节和胶布固定。最终访视和2个月随访时，所有受试者的治疗效果均有所改善。

用被动软组织放松技术治疗手腕及指伸肌：仰卧

第1步：缓慢伸展客户的腕关节，在客户手臂侧面轻轻锁定手腕及指伸肌的肌腹，锁定的压力朝向肘关节（图8.25）。

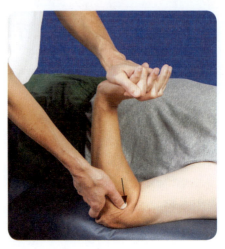

图8.25 用拇指锁定腕伸肌

第2步：保持锁定，缓慢屈曲客户的腕关节（图8.26）。治疗师还可以通过帮助客户伸展其肘关节并屈曲手指实现更大程度的拉伸。这样不容易保持锁定，但是操作时如果治疗师略微外展客户手臂便可以做到。当帮助客户伸展肘关节时，客户的手可以伸出治疗床，这样有助于屈曲客户的手腕和手指。此外，治疗师可以改变握客户手指的方式，以便将客户手指握成拳头。

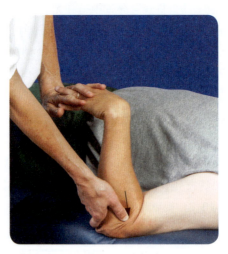

图8.26 保持锁定，被动屈曲手腕，以对腕屈肌产生拉伸感

第3步：重复上述操作，从肘部开始往下移动锁定点，直至手腕。

小贴士　由于前臂的肌肉与筋膜结合紧密，因此治疗师要确定需要锁定哪块肌肉上的扳机点。为了确定特定的肌肉，给客户做一个动作测试是很有必要的。例如：尺侧腕伸肌伸展会导致腕关节尺骨偏离，当治疗师确定了前臂外侧的扳机点后，可对客户实施尺骨偏离动作，这是一个相对简单的辨识方法；桡侧腕伸肌伸展会引起腕关节桡偏，因此治疗师在触诊前臂内侧时需要让客户做桡偏检查。

治疗经验

我曾结合手腕及指伸肌被动软组织放松和上肢整体按摩对一名因为打网球而患有肱骨外上髁炎（网球肘）的客户进行治疗，并向她展示如何在治疗期间做主动软组织放松以及自我按摩。同时建议她不要在打网球前做主动软组织放松，因为这么做会削弱握力。

优点：

- 由于可以在仰卧位对客户做这套动作，因此这套动作比较容易整合到整体按摩治疗中。
- 只需使用很小的力度就可以锁定肌肉。
- 使用此方法解除扳机点的操作容易，效果较好。

注意事项：

- 第一次做这套拉伸动作时，想找到不妨碍手腕伸展和屈曲的锁定点比较难。
- 因为客户呈仰卧位，所以治疗师要想借助杠杆作用锁定肌腹并不容易。

用被动软组织放松技术治疗手腕及指伸肌：滑动按摩

第1步：客户采取俯卧位，肩关节外展约90°，肘关节屈曲，整条手臂置于治疗床上，而手部伸出床外。治疗师确定能够方便帮助客户屈曲腕关节后，在客户前臂上涂抹按摩油。

第2步：治疗师帮助客户伸展腕关节。从腕关节开始，治疗师用前臂或拳慢慢向肘关节方向滑动，同时屈曲客户的腕关节（图8.27）。

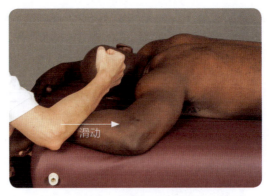

图8.27 利用滑动软组织放松技术治疗腕、指伸肌

优点：

- 客户采取俯卧位时，用此法治疗手腕及指伸肌非常有效。
- 滑动软组织放松可以作为抚慰按摩用于扳机点治疗之后。

注意事项：

- 客户采取俯卧位，外展肩关节的动作会让肩关节有问题的客户感到不舒服。
- 滑动软组织放松技术不能用于治疗扳机点。

用主动-辅助软组织放松技术治疗手腕及指伸肌：仰卧

第1步：客户伸展手腕，治疗师定位手腕及指伸肌肌腹，用双手拇指实施锁定，锁定压力朝向肘关节（图8.28）。

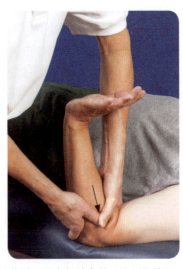

图8.28 当客户主动伸展腕关节时，治疗师锁定其手腕及指伸肌

第2步：保持锁定，要求客户屈曲腕关节（图8.29）。伸展肘关节并屈曲手指会产生更大力度的拉伸。

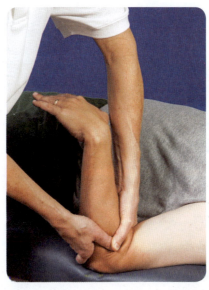

图8.29 治疗师保持锁定，客户主动屈曲腕关节，客户手腕及指伸肌得到拉伸

第3步：重复锁定肘关节外侧肌腹所在的区域。

小贴士 这种拉伸技术对治疗诸如肱骨外上髁炎之类的疾病是十分有益的，用于治疗因反复伸展手腕而导致手腕受伤的人，如网球运动员，也很有成效。然而，采用该技术需要积极进行手腕伸展，因此，在一个疗程内多次使用该技术可能会导致这些肌肉疲劳。

优点：

- 治疗师用双手拇指形成加强锁定，可以对锁定点实施较大的力度。
- 对于有些客户来说，主动－辅助软组织放松技术更有效，因为这些客户在接受被动软组织放松技术时没有明显的拉伸感。
- 利用此技术治疗扳机点效果良好。

注意事项：

- 客户采取仰卧位时，治疗师很难利用杠杆作用治疗这些肌肉。

用主动-辅助软组织放松技术治疗手腕及指伸肌：坐姿

第1步：客户坐在治疗床床头，将待治疗手臂放在床上，手部伸出治疗床，保证其能够自由屈曲。治疗师用拳、前臂或拇指在肌肉近端实施锁定，锁定压力朝向肘关节（图8.30）。

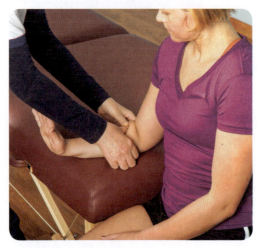

图8.30 客户采取坐姿，治疗师锁定其手腕及指伸肌

第2步：保持锁定，要求客户屈曲腕关节（图8.31）。

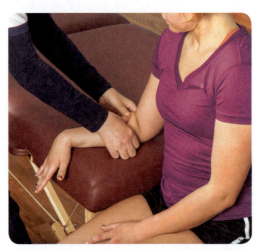

图8.31 治疗师保持锁定的同时，客户主动屈曲腕关节，以便手腕及指伸肌得到拉伸

小贴士　参考本章前面讲解的被动和主动-辅助软组织放松技术的滑动按摩技术，治疗师也可以将坐姿软组织放松技术调整为滑动软组织放松技术。

优点：

- 治疗师很容易利用杠杆作用为采取坐姿的客户治疗手腕及指伸肌。
- 利用此技术治疗扳机点效果明显。

缺点：

- 以此种方式实施的软组织放松技术不能被整合到整体按摩计划中。

用主动－辅助软组织放松技术治疗手腕及指伸肌：滑动按摩

第1步：客户采取俯卧姿势，同时肩关节外展90°，屈曲肘关节并将手伸出治疗床，保证能够自由屈曲腕关节。治疗师在客户前臂上涂抹少量按摩油。

第2步：客户伸展腕关节，此时治疗师使用前臂或拳缓慢从腕关节滑向肘关节，滑到肘关节时要求客户屈曲腕关节（图8.32）。

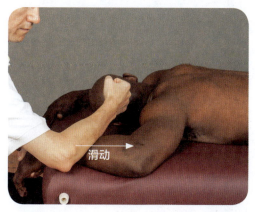

图8.32　客户主动屈曲腕关节的同时，治疗师的前臂沿着手腕及指伸肌滑动

优点：

- 可将此种软组织放松技术整合到整体按摩计划中。
- 因为治疗师可以很好地应用杠杆作用，所以这是缓解指伸肌肌张力过高的有效姿势。

注意事项：

- 不断主动重复腕关节伸展，客户的肌肉会产生疲劳感。
- 滑动软组织放松技术不适宜治疗扳机点。

用主动软组织放松技术治疗手腕及指伸肌：坐姿或站姿

第1步：定位手腕及指伸肌肌腹，这些肌肉位于前臂外侧后部。伸展腕关节时，轻轻锁定这些肌肉，锁定压力尽量朝向肘关节（图8.33）。

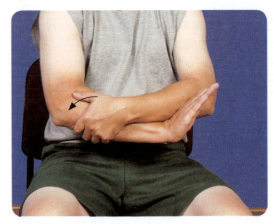

图8.33 主动锁定手腕及指伸肌

第2步：保持锁定，慢慢屈曲腕关节（图8.34）。

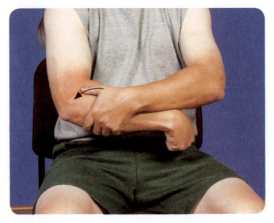

图8.34 保持锁定，主动屈曲腕关节，以使手腕及指伸肌得到拉伸

小贴士 主动软组织放松技术对于整天打字的人尤其有用，对于患有网球肘或做了大量抓握重物活动的人，如搬运工，也十分有效，因为此技术可以在任何时间、任何地点实施，非常方便。对于用前臂连续为客户实施软组织放松的治疗师来说，该技术适合在治疗的间隙放松自己的手腕及指伸肌。

优点：

- 这是一种相对简单的拉伸方式。
- 此技术可以用来治疗扳机点。

注意事项：

- 实施此技术时，不容易对锁定点施加压力且将压力朝向肘关节。
- 很容易造成拇指用力过度。

用主动软组织放松技术治疗手腕及指伸肌：利用滚轴实施滑动按摩

第1步：采取坐姿或站姿，将前臂平放于桌面上，手掌朝上。将滚轴置于前臂之下，从腕关节开始向肘关节慢慢滚动，可将另一只手放在待治疗手臂上，略施压力（图8.35）。

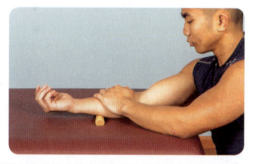

图8.35 利用滚轴对于腕及指伸肌实施主动软组织放松技术的初始位置

第2步：在滚轴从腕关节移动至肘关节时，缓慢屈曲腕关节（图8.36）。

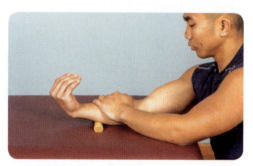

图8.36 在滚轴从腕关节移动至肘关节时屈曲腕关节，以使手腕及指伸肌得到拉伸

小贴士 应用此法也可治疗扳机点，只要将滚轴置于扳机点位置，然后屈曲腕关节即可。

优点：

- 应用此技术拉伸，不需要特殊或昂贵的设备，滚轴很便宜，也可以找一个装食物的小罐子作为替代品。
- 可以用滚轴治疗扳机点。
- 此方法有助于缓解指伸肌的肌张力。

注意事项：

- 治疗床的高度需要反复使用、测试才能确定。
- 实施此技术时通常需要站着，站姿比坐姿更适合。

手腕及指屈肌上的扳机点

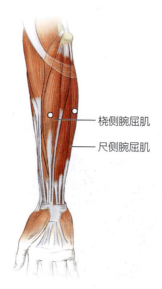

桡侧腕屈肌

尺侧腕屈肌

图8.37 手腕及指屈肌上的扳机点

　　图8.37展示了手腕及指屈肌上的两个扳机点，其分别出现在桡侧腕屈肌和尺侧腕屈肌上。它们分别会导致腕关节中间和尺骨侧面疼痛。指屈肌也会出现扳机点（此图并未标明），会导致中指、无名指和小指疼痛。与手腕及指伸肌一样，扳机点在这些肌肉上长期存在是由于长时间保持抓握姿势。

小贴士 为了辨别扳机点的位置，需要客户主动做一些手腕及手指动作来配合。当触诊前臂中间部分肌肉时，要求客户进行腕尺侧偏移，即能找到尺侧腕屈肌上的扳机点；如果要求客户进行腕桡侧偏移，即可找到桡侧腕屈肌上的扳机点；当然，想要确定指屈肌上的扳机点，就需要客户配合屈曲手指或手腕。

用被动软组织放松技术治疗手腕及指屈肌：仰卧

第1步：治疗师帮助客户屈曲腕关节，并轻轻锁定屈肌起点位置（图8.38）。治疗师抓住客户手指，保持手指伸直可以促进拉伸。

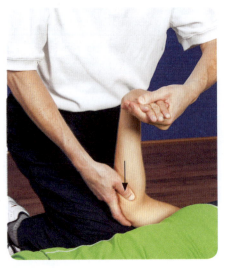

图8.38 锁定手腕及指屈肌

第2步：保持锁定，慢慢伸展客户腕关节，保持客户手指伸直（图8.39）。注意，如果此时伸展肘关节将产生更大力度的拉伸。

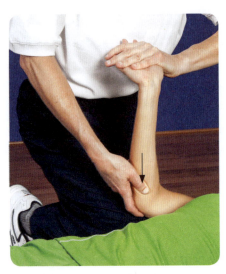

图8.39 保持锁定，帮助客户伸展腕关节，产生拉伸

第3步：沿着客户前臂从近端（肘关节）到远端（腕关节）逐步操作。

小贴士 当在这组肌群起点处操作时比较容易，随着向远端移动，前臂软组织逐渐被肌腱所替代。因此，治疗师按压前臂前部会使一些客户感到不舒服。

优点：

- 因为当客户采取仰卧姿势时，治疗师可以使用此技术，所以很容易将此技术整合到整体按摩治疗中。
- 此技术可以用来治疗扳机点。

注意事项：

- 初次通过这个动作实施肌肉锁定时，想找到不会妨碍腕关节伸展或屈曲的合适角度比较困难。
- 为了完全伸展手腕及指屈肌，最好将手指和手腕一起伸展（图8.39），但是使用一只手完成这个操作是很困难的。

用主动－辅助软组织放松技术治疗手腕及指屈肌：仰卧

第1步：客户屈曲腕关节，治疗师辨别待操作的肌肉组织，锁定肌腹，锁定压力朝向肘关节（图8.40）。

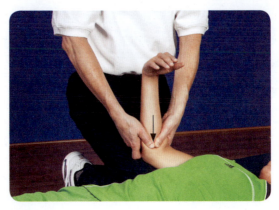

图8.40 锁定手腕及指屈肌．

第2步：保持锁定，要求客户伸展腕关节（图8.41）。客户主动伸展肘关节可以加大拉伸力度，但是会造成锁定困难。

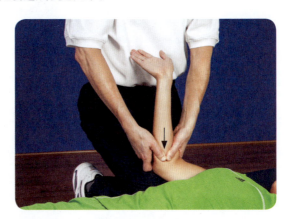

图8.41 客户主动伸展腕关节，手腕及指屈肌得到拉伸

第3步：重复锁定、拉伸，沿肘部侧面的肌腹移动锁定点，逐段拉伸肌肉。

优点：

- 可以让双手拇指一起用力，轻轻加大锁定力度。
- 为进行被动软组织放松时感受不到拉伸感的客户实施主动－辅助软组织放松很有效。
- 可以利用此技术治疗扳机点。

注意事项：

- 由于客户呈仰卧位，治疗师可能很难借助杠杆作用锁定肌腹。

用主动－辅助软组织放松技术治疗手腕及指屈肌：坐姿或站姿

第1步：找到手腕及指屈肌肌腹。屈曲手腕和手指，另一只手触诊前臂前侧肌肉表面，这组肌肉就在前臂中部内侧。然后，屈曲腕关节，轻轻锁定这一区域，慢慢将软组织拉向肘关节（图8.42）。

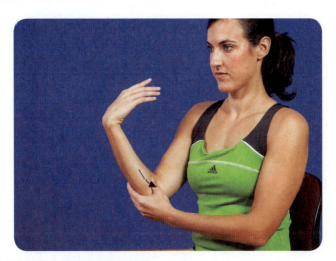

图8.42 在靠近肘关节处锁定手腕及指屈肌

第2步：保持锁定，轻轻伸展腕关节（图8.43）。

图8.43 保持锁定，主动伸展腕关节，手腕及指屈肌得到拉伸

第3步：沿肌腹移动锁定点，从肘关节到腕关节重复锁定—拉伸步骤。

小贴士 当锁定点移到肌肉远端时应减小锁定力度。因为前臂的前侧有较多的肌腱，还有很多神经和血管，不能过度按压。

这项练习特别适合打字员，因为打字员需要不停地屈曲指关节；也很适合驾驶员，因为驾驶员常年握着方向盘，需要反复用到手腕及指屈肌；还适用于患有高尔夫球肘的高尔夫球员。经常用揉捏法为客户服务的按摩治疗师也可以在服务间隙用这套动作放松自己的前臂。

优点：

- 这种拉伸很容易实施。
- 治疗师在为客户治疗的间隙，应用此法放自己的前臂也非常有效。

注意事项：

- 容易过度挤压拇指。

治疗经验

我经常在提重物之前，或者为治疗床上的客户服务之前为自己的腕屈肌实施这项软组织放松。撰写本书时，我也会在打字的间歇做这套拉伸动作。

小问题

1. 肱三头肌在什么情况下特别容易感受到拉伸感？
2. 客户应采取什么姿势接受肱三头肌被动软组织放松？
3. 对腕伸肌做主动软组织放松时，腕关节最开始应该伸展还是屈曲？
4. 对腕屈肌做主动–辅助软组织放松时，是从手肘附近还是从手腕附近锁定肌肉？
5. 举出3类可以从腕屈肌软组织放松中获益的客户。

第 4 部分

软组织放松方案

本书这个部分讲述关于客户沟通流程的相关知识，列举了治疗师在工作中也许能够用到的各种初始问题，并提供某些治疗师采用的记录文档。本章中常用的评估方式有身体地图、主观感受评估、姿势评估、关节活动度测试和其他特殊测试。阅读不同问询表格制定的基本原理，并对比研究 4 个不同的案例，可以理解如何使用各种数据制订治疗方案。其中，有两个案例专门研究如何利用软组织放松技术治疗扳机点。

为了满足监管机构和保险商的要求，治疗师会用到不同的问询表，本书提供的问询表都是非常实用的。与自己的问询表相比，这些问询表怎么样？你是否也问过类似于本书列举的初始问题？你有没有用身体地图，或者视觉模拟疼痛量表？总之，这部分不是规范和要求，而是描述与介绍，旨在教治疗师形成一套治疗方案。同时，这部分还能帮助治疗师将软组织放松整合到自己的治疗计划中，必要时，可以根据本章内容修改问询过程的不同部分。

第9章

制订软组织放松方案

治疗师应该都知道和客户沟通的重要性。治疗师需要通过与客户沟通了解客户前来寻求帮助的原因及客户想要实现的治疗目标，更重要的是，了解是否存在与即将对客户展开的治疗相冲突的因素，如禁忌等。治疗师可以用各种形式的表格或文件记录客户的相关身体信息，如身体地图。治疗师（或者客户）在图上相关部位标出具体症状，并写下根据视觉模拟疼痛量表（VAS）评出的疼痛值、肌张力较高或任何其他感觉异常的剧烈程度。大多数管理机构和保险代理人都坚持主张：治疗师不仅要详细记录治疗相关信息，还应记录客户同意做的特殊治疗项目，以及治疗师确认所采取的治疗方案与客户病历不存在禁忌关系的推理步骤。看到这里的大多数人对这些要求应该都不陌生，能够理解这么做无论对治疗师还是对客户都是有益的，因为这些记录无论对治疗师还是对客户都是一种保护，同时也是治疗师专业性的一种证明和保证。不过，如果能够对隐藏在每一个表格或记录后面的基本原理进行一番探究，也许你的收获还远不止这些。如果你是一个刚取得资质的治疗师，或者你从事的是身体训练，而不是按摩，并且有兴趣进一步深入学习已经很熟悉的各种咨询和表格之间的相同点与不同点，那么这么做对你的帮助很大。

似乎没有必要再提及"以礼仪为基础的医学"这一概念，这是卡恩（Kahn, 2008）首先提出的一个术语，用于描述临床医生与其患者之间的关系。卡恩指的是在医院治疗患者的医生，而不是提供软组织治疗的临床医生。然而，如果患者在繁忙的诊所接受治疗，或接受多学科团队的治疗，卡恩表示，当治疗师试图让他们的预约按期进行，并以文件的形式（这在英国的国家医疗服务体系中极为常见）做出承诺时，他们可以忽略一些基本原则。卡恩认为，为了解决患者的满意度问题，需要向医学院的学生传授一些基本礼仪，并建议使用医生礼仪检查表。例如，第一次在医院与患者见面时，

1.进入房间之前先要请求许可并等待答复。2.进行自我介绍并出示能证明自己身份的证件。3.与患者握手。4.坐下，并保持适度的微笑。5.简单地介绍自己在医疗团队中的角色。6.询问患者在医院的感受。似乎很难想象如果一个治疗师不会以这种方式与患者（或客户）交流会怎样，尤其是在一个不太像医院且以患者为中心的护理领域。

　　我们首先讨论当治疗师第一次接触一位客户的时候可能会问到的一些问题。可以通览这些问题，然后把已经问过的问题标记出来，同时把没有问过的新问题也挑出来。然后，我们再来看客户的身体地图和视觉模拟疼痛量表的录入结果。我们还可以思考姿势评估的价值，并思考有时候进行关节活动度（Range of Motion，ROM）和其他特殊测试的原因。我们将探讨两个案例研究，学习如何收集最终会影响治疗计划的信息。我们还会提供这些信息中某种信息的完整文件，并总结其他信息记录文件。最后，我们将探讨两个关于利用软组织放松技术治疗扳机点的案例研究。

　　到本章结束，你会发现一些希望在自己的问诊中添加的内容；或者你可以根据本章末的内容，确认自己当前的问诊方案是否完整。无论如何，通过本章的学习，你可以增加实施软组织放松的信心和勇气，使你能够为自己、家人和朋友，以及客户提供软组织放松服务。

初始问题

　　初始问题是客户沟通的一部分。图9.1中列举的初始问题可以帮助治疗师找到客户前来治疗的原因，并从中得到应该用哪种方式开展软组织放松的提示，软组织放松是否会有效果，以及是否应该使用软组织放松。有些治疗师喜欢提具体的问题，并记下客户的回答；还有些治疗师倾向于让客户讲述前因后果，然后从中获取有用的信息并记录为问题的答案。开放性的问题可以引出更多信息，治疗师应该尽量问开放式的问题，而不要问是非问句式问题。此外，建议尽量用客户的原话记录问题答案，避免问有导向性的问题。例如，问客户"哪里痛"，这个问题就有一定的诱导性，客户可能不痛，只是感觉身体某部位的软组织肌张力较高或者延展性受限。

　　毫无疑问，提问是一个技术活，是咨询中重要的一环。有效的提问设定了基本的情景，客户在这个情景下回答问题。要让客户足够放松，尽量没有遗漏和偏差地讲述事情的原委，同时，治疗师要有足够的信心在有限的时间内从客户的描述中找到和发现问题，并且不让客户感觉太过匆忙，从而认为你在敷衍了事。显然，治疗师用这些初始问题可以建立和客户之间良好的专业服务关系。治疗师满怀同情心地问这些问题，可以赢得客户的信赖，拉近两者之间的距离；反之，唐突、匆忙或随意地提问题，会使客户对治疗师敬而远之。

初始问题

客户姓名：_____　日期：_____

1. 请问有什么需要我帮忙?

2. 你说的不舒服是哪里不舒服?

3. 什么时候开始的?

4. 是什么原因引起的?

5. 你感觉是好转还是更严重了，或者与开始时完全一样?

6. 有没有什么动作、姿势会加剧这种不适感?

7. 有没有发现怎么做感觉会好一些?

8. 之前针对这个问题治疗过吗，效果怎么样?

9. 以前有没有发生过这种情况?

10. 这个部位以前受过伤吗?

11. 可不可以具体描述一下你的不适感?

12. 这种不适对你的工作或业余生活有什么影响?

13. 还有没有其他你觉得应该告诉我的问题?

图9.1　治疗师用这些初始问题找到客户前来治疗的原因，同时收集相关线索，有助于确定是否要使用软组织放松以及如何使用软组织放松

源自：　J. Johnson, *Soft Tissue and Trigger Point Release, 2nd ed.* (Champaign, IL: Human Kinetics, 2019).

如果客户给出的信息量很大，最好在问完初始问题之后，根据你的理解对客户提供的全部信息进行总结，并陈述给客户。例如：“这么说，你的腿以前一点问题都没有，一个月以前，你开始慢跑，然后发现大腿前侧开始疼痛，并且疼痛还在加剧。这种疼痛感在你站立或坐下的时候都比较明显，但是经过一段时间的休息，又会在24小时之内消失。你按照一本跑步教科书上介绍的运动前拉伸方法进行了拉伸，结果大腿前面疼得更厉害了。”这样客户就可以及时指出记录中的偏差。这种偏差可能是由于客户描述不清或者你理解错误导致。有时，通过听你的叙述，客户会想起此前忘记讲述的信息，这种情况是很常见的。例如：“哦，其实我大腿被踢过一脚。不过，那是很多年以前的事了，我都快忘记了！我当时在踢足球，大腿被别人一脚踢中。当时没有出血也没有其他问题，只是大腿有一块很大的瘀青，不过没多久瘀青就消退了。这个跟我现在腿疼会不会也有关系？”

我们之所以要问这么多的问题，然后制订一个完整的治疗计划，是因为尽管客户表现出来的可能只是髋部问题，但是，一个身体部位受伤，必然会影响到其他身体部位。客户可能并不知晓旧伤对当前身体会有影响，因此，可能会忘记提及旧伤，或者认为它不值一提，直接略过。例如，一位因为肩膀痛前来寻求帮助的客户，可能不会想到告诉你最近才恢复的颈部损伤。除非客户了解解剖学知识，否则，客户不知道颈部肌肉同样会影响肩膀。

在医院或私人诊室工作的治疗师由于长期在严格的时间限制下提问，通常都能够非常娴熟地问这些初始问题，能够快速判断哪些答案值得进一步挖掘，哪些答案不那么重要。通常，治疗师还能够辨别出正在打交道的这位客户是哪种类型的客户，应该如何处理。例如，对于一名经常进行高强度训练、过度训练导致受伤频率较高的客户而言，建议他回去休息几天，他的反应会不同于一位刚刚开始训练计划的客户，后者通常很愿意接受建议以尽可能避免自己受伤。有时候，你可能在问诊初期就能够确定客户需要转诊到更专业的足病医生、放射科医生或专业护理处，但这种情况比较少见。无论怎样组织问诊流程，在问完初始问题之后，你应该掌握客户前来寻求帮助的原因、问题的性质以及出现问题的身体部位、客户身体状况是否不允许使用某些放松方式等，并能够将这些信息形成综合治疗意见。

小贴士　做精确、简练的总结和陈述是一项技术活。如果你想要快速提升这项技能，可以尝试对家庭成员或朋友提问，总结对方的答案。你应该选一个身体有轻微不适，可能需要你帮助治疗的人。提问并计时，看自己需要多长时间才能问完所有问题，能否从对方的答案中提取最主要的问题、发现禁忌证，问完后，看看自己能不能帮上忙。再给自己20分钟，重新来一次，再将时间缩短至10分钟。从你问的那些问题中，你能不能找出一个关键问题，以在提问前5~7分钟就引出客户的主要问题？

罗斯则韦格等人（Rosenzveig et al.，2014）在其标题为《以患者为中心的护理：如何提出与患者相关的问题的系统综述》的论文中指出，通过直接提问来引起患者的关注，以建立患者与临床医生之间的协作关系，这是护理的基础。作者对有关患者反馈测量结果的文章进行了系统综述，这些文章旨在介绍以患者为中心的护理，但不包括身体检查或性能检测。他们发现的这些测量指标包括患者的总体健康感觉、压力、疼痛、疲劳、抑郁、焦虑和睡眠。根据对这些测量结果的分析，他们创建了视觉模拟健康状态表，其中包含与临床相关的、有效且可靠的并可用于医患交谈的问题。视觉模拟健康状态表包含7个问题，每个问题的评级为0（优秀）至10（差）分，具体问题如下。

1. 你如何评价自己的整体健康状况？
2. 你经历了多大的苦恼？
3. 你经历了什么样的疼痛？
4. 你的疲劳程度如何？
5. 你正在经历多大程度的抑郁？
6. 你的焦虑程度如何？
7. 你睡得怎么样？

下面给出可供治疗师选作初始问题的问题清单。治疗师不一定要按照这个顺序提问，当然，也可以修改这个清单。这些问题都是客户由于某个身体部位受伤或出现其他问题前来就诊时可使用的有用问题；不过，如果客户来做常规按摩保养等常规拉伸，治疗师可以略过其中的一些问题。这些问题是为接受咨询的按摩治疗师准备的。运动按摩治疗师、运动治疗师、理疗师、整骨治疗师或整骨矫正师可以从这些问题中挑选一些并进行扩展。这里我们假定客户可能需要某种形式的按摩，或者需要软组织放松。

治疗经验

一名身体非常疼的客户前来找我帮他按摩背部。他的遭遇可谓非同寻常：当时他正在参加一项活动，需要骑马沿赛马场疾驰。他想用腿夹住马背，结果被系在腰上的安全带拉下马。他一边讲述一边艰难地站起来，掀起衬衫后襟对我说："你看这里。"我看到在他的脊柱两边各有一块很大的瘀青。显然，这种急性外伤是按摩的禁忌。我立即为他安排了转诊。

1. 请问有什么需要我帮忙?

　　开场问题很多,实际运用中常见的开场问题为"哪里疼?""有什么不舒服吗?"。很遗憾,不建议使用这两个问题中的任何一个。即使治疗师非常诚恳,也不要问这两个问题,因为这两个问题不是单纯的是非问题,具有一定的诱导性。首先,客户可能没有身体疼痛问题;他们的问题可能是身体僵硬、肌张力较高或活动受限。让客户自己描述身体问题,再用一个同样意思的术语指出问题(牵拉感是吗? 当你看地面时有这种被牵拉的感觉吗?)。其次,客户可能不知道他的情况属于身体问题。许多客户只是来做常规的按摩保养。例如,跑步运动员会利用按摩手段降低髂胫束出现问题的可能性,有些力量训练人士认为按摩有助于降低训练后肌肉出现延迟性疼痛的可能性。

　　为自己选一个开场问题。如果觉得开场问题都太过于俗套,如"我可以为你做些什么? ";或太过直接,如"你为什么来这里? ";那么可以问得含糊一些,如"安妮说你膝盖不舒服,是吗? "第一个问题并不一定要让客户滔滔不绝地解释,但它同样可以接近问题的核心("理疗师说我肩膀太僵硬了。她也不太确定,不过她说如果我觉得行,可以试试按摩治疗")。

2. 你说的不舒服是哪里不舒服?

　　开放式问题应该有助于确定客户主要的问题以及问题涉及的身体部位,或者客户前来寻求治疗的其他原因。如果客户说肌肉有问题,治疗师需要确定是整块肌肉有问题,还是肌肉的局部有问题。因此,有些治疗师会单独问:"你所说的不舒服具体是哪里不舒服? "此时可以重述客户的话,例如,可以问客户"你能不能告诉我哪里痛? "或"你是膝盖前面痛还是后面痛? "软组织放松技术可以用于特定肌纤维的拉伸。因此,知道客户腘绳肌旧伤位于股二头肌处是很有用的,因为在后期治疗的时候可以触诊或者集中针对腘绳肌进行放松治疗。治疗师经常会把这类问题写上"见图"并在身体地图(图9.3)上标识出来,或者如果问询表上有空白,会绘制一个小型骨架图形。在后续治疗过程中,可以观察最初存在不适的身体位置(如果有)是否发生了变化。

3. 什么时候开始的?

　　这个问题是用来确认客户的身体问题是由于长期积累才出现的还是突然出现的。客户描述的是急性情况,也就是刚受的伤,如肌肉拉伤,或是发生在一段时间之前,伤痛存在有一段时间了。以小腿肌群为例,昨天受的伤和一周之前受的伤现在还没好完,这两种情况的治疗方法是不一样的。受伤发生的时间越近,越不适合使用软组织放松。这个问题也可以延伸出肌肉劳损的问题。肌肉劳损,如肌腱变性,一般是日积月累造成的,并且会由于肌腱的反复工作而恶化。客户常常不能精确说出劳损是从什么时候开始的,不过,他能提供一个大概的时间范围,这个时间范围可以帮助治疗师决定是否可以实施软组织放松。例如,"这种情况是有一天在我工作的时候发生的,当时我在计算机前工作了4~5个小时。"

4. 是什么原因引起的?

客户通常知道每一次受伤的原因。例如,客户会说:"我正在跑步,突然感觉腿这里疼得特别厉害,是那种尖利的刺痛感,我就跑不动了。"但是,由于姿势性压力或过劳引起的肌肉酸痛一般是悄悄发作,客户自己可能也说不出准确的恶化原因,他们常常会说:"什么也没发生。在我开车的时候还好好的,突然就疼了。特别拥堵的时候疼得更厉害,因为我得不停换挡。然后我的胳膊和肩膀就开始疼。"

5. 你感觉是好转还是更严重了,或者与开始时完全一样?

了解病症的特征对于软组织放松的运用尤其重要。如果病症恶化,则表明客户存在过劳现象,需要休息,或者需要转诊。无论是上面哪种情况,都不适合用软组织放松来治疗。然而,如果客户说腘绳肌紧张,而且感觉越来越紧,则意味着应该用软组织放松治疗。

6. 有没有什么动作、姿势会加剧这种不适感?

知道什么因素会使病症恶化也有助于治疗师制订治疗方案。继续使用已出现问题的部位会加剧过度使用性损伤。这个问题有助于治疗师做出建议客户休息的决定或避免使用损伤部位的治疗建议。

7. 有没有发现怎么做感觉会好一些?

了解什么因素会缓解症状对于治疗师给出正确的治疗意见同样重要。那些表示拉伸可以缓解疼痛、肌张力较高或不适的客户可以用软组织放松。有些治疗师问:"有没有发现怎么做可以缓解不适感?"有时候客户会直接说:"没有。我不骑车时它就不疼了,揉一下感觉也会好一些。"如果不好描述,客户就做一个动作演示,并且说:"我如果像这样坐直,疼痛就会消失;有时候我喜欢这样,这样感觉也会好一点。"拉伸或改变姿势通常可以缓解肌张力,因此,反映某些动作可以缓解不适感的客户比不适症状与软组织没多大关系的客户更适合使用软组织放松。

8. 之前针对这个问题治疗过吗,效果怎么样?

有时候都不用问这个问题,客户的答案已经说明:"按摩后感觉能好些""去看整骨医师也能起效",或者"健身房的健身教练帮我治好过一次"。治疗师可以继续询问:之前的按摩用的是哪种手法?整骨医师具体进行了什么治疗?健身房的教练是否用了强化或拉伸方法?如果客户说他以前做过按摩,但是情况变得更糟了,那么,治疗师便不能再对这名客户做按摩。相反,可以做按摩治疗的客户应该在此前做过软组织放松,并且能够准确告知之前治疗师的具体锁定位置,以及当时病情的好转程度。

9. 以前有没有发生过这种情况?

如果客户反复受到同一个问题的困扰,这可能意味着他或她需要常规治疗,或者表明有一个潜在的身体问题需要处理,也可能意味着客户需要改变训练计划。令人不解的是,有时候客户还反复做会引起疼痛的活动,如有的客户会说:"我每次在坚硬场地跑步都会得胫骨骨膜炎。""我每次开车超过4小时没有及时放松,脖子就会疼。"

10. 这个部位以前受过伤吗?

尽管有时候这个问题没有必要问,但是有时候这个问题可以暴露出长期隐藏在客户身体中的问题。例如,已经长了瘢痕组织的旧伤由于近期的伤而长出新的瘢痕组织,所以这个部位的软组织肌张力较高,那么可能需要对其实施比单层的瘢痕组织更长时间、更有针对性的软组织放松治疗才能改善肌张力较高的症状。

11. 可不可以具体描述一下你的不适感?

有些治疗师在问诊时较早就抛出这个问题,有时候客户会说很久以前就有疼痛、肌张力较高或不适感,例如,"只要写字的时候,那里就一直疼。"治疗师要仔细记录客户的话,不要打断他,例如,"我转头的时候,感觉就像什么东西被压扁了一样,就是这里。"这些都是非常有用的信息,不同于客户说的"我扭头的时候感觉疼"这种话。你可以继续询问"你现在感觉怎么样?"如果对客户进行了治疗,你可能要跟他或她确认治疗是否有效。你可以这么问,如"你现在转头的时候,还会感觉有东西被压扁了吗?"有些治疗师喜欢用视觉模拟疼痛量表(图9.4)判断客户不适感的严重程度。

12. 这种不适对你的工作或业余生活有什么影响?

这个问题可以提供很多线索,使治疗师了解如果对客户做了软组织放松,客户想要多快恢复身体。例如,客户说:"医生说,只要我的膝盖完全恢复,我就可以回去工作了。"治疗师也可以了解客户可能承受的压力有多大,例如,客户说:"大家都走了,我感觉自己要掉队了,如果我可以参加星期五的比赛,那就太棒了。"还可以从中了解这个症状有没有限制其运动能力,如客户说:"我只要做牵拉动作,腘绳肌就很紧。上次就是这样,我不得不停训2周。"总之,这个问题可以帮助治疗师了解客户对治疗效果的预期和对治疗结果的反应,以及客户的治疗经历。

13. 还有没有其他你觉得应该告诉我的问题?

这是最后一个关键性的问题。我们不可能治疗客户所有的身体问题。有时候客户可能只提供一些基本信息,他可能会说:"我只能待30分钟,帮我看小孩的人今天病了。"或者提供一些可能对治疗有直接影响,但是没有记录在问卷中的其他信息,如客户说:"我还想再试试,不过,我上次在另一位医生那里治疗时,站起来的时候感觉有点晕。"

　　客户对初始问题的回答是非常珍贵的信息，这些回答不仅限于客户对问题的直接回答，还包括客户提到的其他信息。例如，他们的回答可能会透露出他们对于治疗、医务人员或他们自己的身体有着怎样的感受，同时常常会暴露出更多你需要问的问题，客户回答开放性问题的方式对治疗师也是一种暗示，可以引导治疗师进行后续问询。

客户病历

　　客户病历显然是非常重要的；它不仅可以帮助治疗师找到客户前来寻求治疗的身体问题成因，还可以帮助我们判断出按摩禁忌。图9.2所示是一个病历实例。记住，软组织放松的禁忌证包括皮肤容易擦伤、皮肤较薄和关节活动度过高等情况。其他按摩或软组织放松禁忌证包括近期生理创伤、长期使用类固醇、血压太高或太低、静脉曲张、传染性皮肤病、心脏问题、糖尿病、骨质疏松以及肺水肿等。有时候我们可以对有上述禁忌证的客户，在患病部位之外的正常身体组织部位进行按摩。还有一点要谨记，12周孕期内不能做按摩，包括软组织放松。

评估

　　身体地图（图9.3）的作用非常大，治疗师可以在提供进一步的治疗服务之前快速参考身体地图，并且将治疗效果记录在身体地图上。身体地图其实是一张简单的人体轮廓图，一般包括正面、背面，有时候还包括侧面，在身体轮廓上发生不适的部位标记症状。快速扫一眼身体地图就可以看到小腿肌群紧张是沿着肌肉横向或纵向蔓延，还是仅仅局限在某一个特定部位，如跟腱部位。有些治疗师会用不同的阴影表示不同的感觉。例如，黑色阴影可能代表疼痛或不断加剧的僵硬感。有时候也可以用身体地图来标记旧伤或禁忌部位（如运动员的脚）。当需要在身体地图上标记症状信息时，有些治疗师喜欢用带圈编号①、②、③来标记，其中①表示需要治疗的主要部位。经验丰富的治疗师一般知道身体地图上标记的部位并不一定是需要处理和治疗的部位，因为症状发生部位并不一定就是出了问题的身体部位。

　　治疗师有时候可以边绘制身体地图，边给客户看，让客户确认部位标记位置是否正确。有些治疗师会一边问初始问题一边绘制身体地图，标记问题发生部位和过去受伤或手术部位。如果客户身上有特别多需要治疗的问题或者受伤经历非常复杂，这么做就很有必要。也有一些治疗师更倾向于边触诊边绘制身体地图，或者在完成初步按摩治疗，对身体各个部位初步评估之后再绘制身体地图。根据客户口述的信息记录下来的病历资料是一种主观评估信息，而从触诊和按摩中发现的问题是客观评估信息。

病例

姓名：		电话号码（住宅）：	电话号码（办公室）：
家庭住址：		手机号：	出生日期：
医生姓名/电话号码：			
地址：			
职务：		体重：	身高：
当前用药：		参考来源：	
近期手术或内科疾病：		是否妊娠（女性）：	

循环系统疾病：	
（心脏病、肺水肿、高/低血压、血液循环不良）	
循环系统疾病：	
（哮喘、支气管炎、花粉症）	
皮肤病：	
（皮炎、湿疹、过敏、真菌感染）	
肌肉或骨骼疾病：	
（纤维肌痛、早期骨折）	
神经系统疾病：	
（坐骨神经痛、癫痫、偏头痛）	
泌尿系统疾病：	
（膀胱炎、鹅口疮、肾脏疾病）	
免疫系统疾病：	
（容易感冒、免疫功能低下）	
妇科疾病：	
（经期前紧张症状、更年期、激素替代治疗、月经不调）	
激素分泌异常：	
（糖尿病）	
消化系统障碍：	
（消化不良、便秘、肠易激综合征）	
应激或心理问题：	
（抑郁、焦虑、无端恐惧症、情绪波动）	

赔偿声明：我确认，据我所知，我没有隐瞒任何与我的治疗相关的信息，我理解我即将接受的治疗，并愿意承担全部责任。我也同意，我已经提供了如表所示的正确信息，同时我知道，如果情况有变，应及时告知治疗师。

客户签名：_____

治疗师签名：_____ 日期：_____

图9.2 每一名客户都应该完整填写病例表，治疗师可以通过病例表全面了解客户信息，特别是关于软组织放松禁忌的信息

不论用主观还是客观评估方式，只要能够保持诊断一致即可。

身体地图的另一个用途就是记录扳机点位置。通过这种方式，治疗师可以在后面的诊断和治疗时参考身体地图，以确定其治疗是否有效地解除了扳机点。

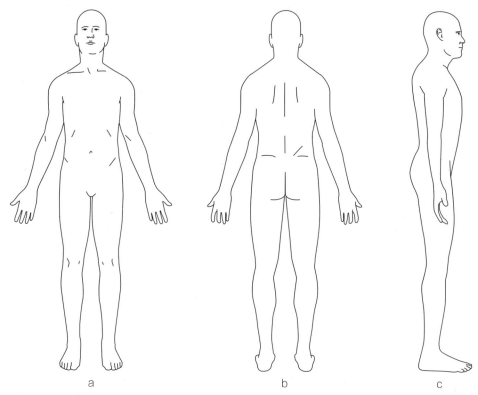

a   b   c

图9.3　用像这样的身体地图记录客户的症状

源自：J. Johnson, *Soft Tissue and Trigger Point Release, 2nd ed*. (Champaign, IL: Human Kinetics, 2019).

小贴士　如果你在身体地图上记录了自己的主观发现，我们不建议你在治疗完成后把身体地图给客户看。原因很简单，你可能在这张身体地图上记满了各种信息，包括肌张力较高的身体组织、心脏问题或过度敏感等。看到这样一张密密麻麻标记着身体问题的地图，客户可能会非常不安，回家以后可能会想自己是不是全身都有毛病，而实际上，身体地图上记录的只是你出于多方面的考虑而记录的一些细微发现。

测量主观感受

视觉模拟疼痛量表（图9.4）可以用来记录不适感剧烈程度的主观感受，如疼痛、僵硬、牵拉感、酸痛等，评分快捷、简单、高效。在一张纸上简单画一条线，在最左端写上"没有疼痛、僵硬或不适感"，在最右端写上"剧烈疼痛、僵硬或不适感"。然后把这张表给客户，让他根据自己感觉到的程度在线上做标记。治疗结束后，可以重新画一条评分线，让客户再做一次评分。如果治疗目的是缓解疼痛，那么，治疗结束后，客户在评分线上标记的点应该比治疗前更靠近左端。有时候也不必在治疗结束时马上让客户再次做这个测试，因为根据客户的言行，就可以看出治疗效果。不过，长期存在的慢性问题在一个疗程之后并不一定会有改善，客户应该在完成多个疗程的治疗之后再来评分。吉夫特（Gift，1989）提出了一个有趣的观点，即并非所有的患者都能将主观感受转化为直线上的评分。尤其是当治疗师使用视觉模拟疼痛量表询问之前的疼痛感觉时，患者实际上可能无法记住这种感觉。

麦吉尔疼痛问卷（Melzack, 1975）是测量疼痛的众多方法之一。如果你的治疗对象是特殊人群，如小孩、老人或患有挥鞭综合征的人群，那么你就需要去探索在这个特殊人群测量感觉的量表。例如，霍克等人（Hawker et al., 2011）概述了风湿病学中使用的疼痛测量系统。

> **小贴士**　评分线上不要有数字。客户会记住上次的数字，并且每个客户可能都有自己偏爱的数字。客户觉得治疗后应该感觉不那么紧了，如果他记得上次数字是6，这次他可能就会选3，从而干扰了评分结果。如果是在一条没有数字（数字放在背面）的评分线来做评分，客户的僵硬感可能确实没那么严重了，但是你会发现，他往往会标记在线上的数字5或者4处，而不是3上。

没有疼痛、僵硬或不适感　　　　　　　　　　　　　　　　剧烈疼痛、僵硬或不适感

图9.4　视觉模拟疼痛量表

源自：J. Johnson, *Soft Tissue and Trigger Point Release, 2nd ed*. (Champaign, IL: Human Kinetics, 2019).

姿势评估

快速进行姿势评估能够为软组织放松技术的应用提供重要信息。通过姿势评估，治疗师可以了解客户哪些肌肉比较紧、肌张力过高，哪些肌肉松弛且无力。针对那些肌张力较高的肌肉实施软组织放松，可以使其恢复正常；同时避免拉伸那些本已

十分松弛的肌肉。一般来说，当胸肌（如胸大肌）紧张时，胸椎肌肉（如斜方肌中束的肌纤维）较长而薄弱；当腹肌无力时，腰椎肌肉（如竖脊肌）和髋屈肌（如腰肌）就会比较紧张。有关姿势评估的更多信息，请参见简·约翰逊（Jane Johnson）编写的*Postural Assessment*，以及由多位作者合作出版的*Muscles :Testing and Function With Posture and Pain*，此书的作者为弗洛伦斯·彼得森·肯德尔（Florence Peterson Kendall）、伊丽莎白·肯德尔·麦克里里（Elizabeth Kendall McCreary）、帕特里夏·吉斯·普罗旺斯（Patricia Geise Provance）、玛丽·麦金太尔·罗杰斯（Mary McIntyre Rodgers）和威廉·安东尼·罗马尼（William Anthony Romani）。

关节活动度测试和其他特殊测试

如果用软组织放松来增加关节活动度，则有必要制作一个图表，指出待治疗身体部位和肌肉的关节活动度。例如，如果客户肩膀肌张力较高或疼痛，需要治疗，那么就可以用盂肱关节的活动度来评估关节的受限程度和衡量治疗的有效性。其他特殊测试包括直腿抬高测试（测量腘绳肌长度，图2.2）、俯卧位膝关节弯曲测试（测量股四头肌长度，图2.3）、坐立体前屈测试（测量腘绳肌和脊柱长度，图2.4）、扎马斯试验（测量髋屈肌长度）、奥伯试验（测量髂胫束肌张力程度）以及测量比目鱼肌和腓肠肌肌张力程度的分化试验。

治疗计划

一旦完成了信息和数据收集工作，接下来就是为客户制订治疗计划的时候了。你可以用图9.5所示表格制订计划。以下是对表格中相关术语的解释。

- **主观**：这部分记录客户的主观身体感受，以及客户在治疗期反映的身体情况；同时记录客户对治疗方案的知情同意意见。
- **客观**：这里记录你作为治疗师的客观发现，包括身体地图上的观察发现以及通过姿势评估获得的数据、关节活动度和其他触诊发现。
- **治疗**：这里填写你的治疗项目清单以及治疗方式、方法。
- **评估**：这部分描述对治疗结果的评估结论。如有必要，你可以在这里记下重新测试计划，看看有没有实现自己的治疗目标。
- *计划*：可以在这个部分记录你对以下问题的答案，例如，下一步治疗准备怎么做？什么时候开始下个疗程？有没有什么需要交代给客户的注意事项？

治疗计划

客户姓名： 日期： / /

主要问题：

特殊备注：

治疗目标：

主观

客观

治疗

评估

计划

客户签名：

图9.5 用一张这样的表格为客户制订治疗计划

源自：J. Johnson, *Soft Tissue and Trigger Point Release, 2nd ed.* (Champaign, IL: Human Kinetics, 2019).

案例研究

下面是客户A、客户B、客户C和客户D的评估结果。快速浏览，然后对比相应的治疗方案，你能否根据每一位客户的评估结果看出选择哪种软组织放松进行治疗的影响？

客户A

客户A的症状表现为：做过膝关节完全置换手术，出院2周后膝关节开始疼痛、僵硬、关节活动度下降。客户A的初诊信息可参看本章结尾部分的图9.6至图9.9。

客户A的就诊信息汇总

- 初始问题（图9.6）：从这些初始问题答案中提取关键信息，用来制订治疗计划。例如，当前的身体问题显然已经影响到了客户的日常生活：她无法顺利下楼梯，更不能外出遛狗。除此之外，她应该也不能继续做康复训练，因为训练会加剧膝关节疼痛。我们知道她想尽快恢复，因为她自己对膝关节做了一些按摩和固定治疗。从这些举动中就可以看出她需要帮助，也许比之前康复训练更好的办法就是恢复膝关节的柔韧性。我们还知道她喜欢散步，平常还经常需要遛狗和锻炼身体，这些都是重要的诱因，此前她刚经历膝关节置换手术，表明她对相应的康复流程并不陌生，尽管她因为没能在上次康复训练中尽快恢复而感到失望。

- 病历（图9.7）：从其病历中可以发现她有高血压，且没有治疗过。这一点不难理解，客户手术后需要休养一段时间，活动量下降，体重增加，血压容易升高；特别是手术前活动量较大的客户更容易发生此类反弹。案例中的客户A就属于这种情况。因此，这名客户需要尽快恢复正常活动，但是也不能过度运动（运动也会增加血压）。尽管客户没有说感觉自己压力很大，但是她此前的康复都比较快，这表明客户的内心可能已经比较焦虑。压力过大也会使血压升高，这是因为肌张力高会限制毛细血管的血流量。比较好的一点是按摩可以降低血压，因此可以联合使用软组织放松和按摩对她进行治疗。

客户2年前的膝关节完全置换手术很成功，这也意味着她比较了解康复过程，并且知道进行康复训练对于快速康复的重要性（尽管她很不乐意做）。治疗师一般不会要求客户自己做训练，但是作为一名按摩治疗师，有时候还是应该鼓励客户执行物理治疗师或其他临床医疗布置的训练计划，这一点对于客户的康复非常重要。在知道客户此前接受过其他医师（理疗师）治疗的情况下，治疗师应该征询该医师的意见，获得许可后再进行按摩和软组织放松，这一点非常重要。有时候，拉伸可能会与此前的治疗相排斥。因此如有必要，在开始治疗前要获得理疗师的许可。如你所知，这也是一种职业礼仪。

当前用药包括用于缓解膝关节疼痛的止痛药。这也是一条重要信息，因为即使是很小的锁定力度，治疗师也需要客户能够敏锐感受到锁定深度，并且服用止痛药对于任何形式的按摩来说都是禁忌。这也意味着治疗师需要告诉客户在治疗前不能服用止痛药，同时也意味着客户实在疼得不行，需要服用止痛药的时候可以拒绝做治疗。此外没有其他值得关注的信息，也没有发现其他按摩禁忌。

■ 身体地图（图9.8）。在双腿膝关节前面各有一条纵向疤痕。根据身体地图和病历信息可以很容易地判断出主要问题出在膝关节上（不过，这并非就是需要治疗的部位），两道疤痕应该是手术留下的刀口。右腿膝关节明显肿胀，这应该是除疼痛之外限制关节活动度的另一个因素。

■ 视觉模拟疼痛量表（图9.8）。客户主要的问题是疼痛，一条标记为0~10的评分线上，她在对应等级7的位置标记了疼痛程度，其中10对应剧烈的疼痛感。这个疼痛评分结果比较高，意味着治疗师在操作时需要非常小心。尽管我们还不知道膝关节对外界力产生痛感的敏锐度（也就是，疼痛感多久来袭），但是我们知道承受重量肯定会加剧疼痛。因此，治疗师应该让客户躺在治疗床上或者坐下，一旦躺好或坐好后，就尽量不要移动。

■ 姿势评估：客户看起来有点超重。疤痕表明客户做过膝关节置换手术。双腿膝关节前面各有一条纵向疤痕。右腿膝关节前面肿胀，身体背面和侧面显示身体炎症反应比较活跃，可能会对实施治疗有一定的限制。

■ 关节活动度和其他特殊测试：分别在客户呈坐姿、俯卧和仰卧时检测膝关节主动和被动屈曲度。无论采用哪种屈曲姿势，客户都会说很不舒服。屈曲时（包括主动和被动）不适感最强烈。尽管膝关节前面有伤口，客户还是更喜欢在俯卧位做关节活动度测试。这是个有趣的发现，同时也很有指示意味，表明我们可以在客户处于俯卧位的时候对她实施腘绳肌软组织放松。

■ 触诊：触摸疤痕附近有酸痛感，不过除此之外，周围其他部位没有疼痛感。

客户A的治疗计划

图9.9是客户A的治疗计划。主要治疗目的是帮助客户恢复右腿膝关节屈曲和伸展活动度。注意，尽管前面已经提及可以为客户做股四头肌软组织放松，不过鉴于客户近期刚动过手术，建议最好不要做股四头肌软组织放松。因此最终治疗计划确定只对腘绳肌做软组织放松以增加膝关节伸展度。治疗师实施软组织放松时一般可以缓慢增加客户膝关节的屈曲度，同时轻轻晃动客户大腿，分散客户注意力。总体治疗目标是让客户在坐姿位、膝关节伸展的情况下伸直腿，通过腘绳肌软组织放松将俯卧位时的膝关节屈曲度增加5°，同时减轻膝关节后侧的不适感。

最初5天，客户每天接受1次软组织放松治疗，持续3周，然后每周接受1次治疗。通常，不会安排客户每天都进行按摩和软组织放松，但是这名客户非常急切地想要通过迅速治疗，尽快恢复膝关节活动能力；同时我们采取的治疗方式也比较缓和，持续时间不长，可以增加关节活动度（虽然增加幅度较小），因此这种情况下适合采取常规训练。按照这个频率做完5个疗程之后，再建议客户降低治疗频率，继续用自我按摩和理疗训练帮助膝关节康复，必要时也可以给膝关节做冷敷。

客户B

客户B是一名跑步爱好者，他发现自己的腘绳肌和小腿肌群越来越紧，因此前来就诊。现在，我们已经看过一个客户的问诊记录了，可以把客户A和客户B的信息进行对比。本书同样提供了客户B的治疗计划（图9.10）和通过初始问题发现的信息汇总、病例和评估。从这些信息和治疗计划中，可以了解怎样根据客户信息判断是否使用软组织放松、应该使用哪种类型的软组织放松，以及应该如何设置实施频率。

客户B就诊相关信息总结

■ 初始问题：该客户在4周前开始跑步，之后发现腘绳肌和小腿肌群越来越僵硬。这种僵硬感是慢慢出现的，并且还在不断加剧。客户反映跑步或长时间保持坐姿会加剧僵硬感，刚开始的时候，泡个热水澡会好些，不过现在泡热水澡也不管用了。重要的是，客户并没有反映任何地方疼痛。大约在2年前，具体的时间客户已经想不起来，在一次踢足球的时候，客户腘绳肌有过拉伤。按照书上的办法，客户对腘绳肌进行了一些拉伸，但是他后背开始疼痛。情况大概就是这样，因此治疗应该集中在下肢。此外，还应具体弄清楚客户当时做的是哪种拉伸。

■ 病历：客户B有紧张性头疼（可能与他长时间使用计算机有关），除此之外没有其他明显不适，也没有按摩禁忌。肩膀和脖子的张力应该可以用软组织放松治疗，治疗师可以把这一条记录下来，供将来采用；第一期治疗暂时还不会涉及脖子和肩膀。

■ 身体地图：身体地图上两条腿后面都是阴影区，表示主要的问题在双腿后侧。可以把紧张性头疼作为第2个问题，标记在身体地图上。

■ 视觉模拟疼痛量表：用4张视觉模拟疼痛量表测量客户双腿僵硬度（左腿和右腿的腘绳肌和小腿肌群）。有趣的是，他报告的可能受过伤的左腿腘绳肌僵硬感（评分为5）没有右腿小腿肌群强（评分为6）这可能是右腿小腿肌群为了补偿左腿腘绳肌的功能下降，而承受了更多的身体重量所致。右腿腘绳肌和左腿小腿肌群视觉模拟疼痛量表评分都是4。还有一点值得注意，客户的这种僵硬感沿腿两侧一直向下延伸到了跟腱处。

■ 姿势评估：评估发现客户B的站姿不是很直，双腿膝关节都有轻度屈曲。评估时还费了一番周折，因为客户说站直会感觉不舒服，这可能是因为双腿伸直站立增大了腘绳肌的张力。因为客户说他平常工作时要坐一整天，因此也对他的坐姿进行了观察和评估，结果发现客户坐着时喜欢屈曲膝关节，将脚踝搁在椅子底座上，因为他感觉这么坐很舒服。

■ 关节活动度和其他特殊测试：用直腿抬高评估了客户腘绳肌的长度。结果为右腿抬起65°、左腿抬起70°，测试时客户说感觉两条腿的肌肉马上就变得特别紧。这也在治疗师预料之中，因为在这一天里客户已经屈曲膝关节坐了大约6个小时。对客户进行站立位的腓肠肌和比目鱼肌分化试验，结果发现两条腿的背屈度都减少，同时右腿比目鱼肌的长度变短。

■ 触诊：该评估是在没有应用润滑剂的情况下进行的。腘绳肌和两侧小腿肌肉张力增加。在左侧股二头肌的肌腹部有一个可触及的肿块，可能是疤痕组织，这支持了客户可能受过伤的有关报告。

客户B的治疗计划

根据上述信息为客户B制订了治疗计划（图9.10）。主要治疗目的是减小客户双腿腘绳肌和小腿肌群的张力。尽管我们用直腿抬高动作评估了其腘绳肌的长度，并且治疗后发现双腿腘绳肌的长度都不成比例地延长，不过增加腘绳肌长度并不是本次治疗的主要目的。用视觉模拟疼痛量表评分帮助客户描述肌肉僵硬程度，他的主要目的不是延长腘绳肌，而是缓解肌肉僵硬感，他担心肌肉僵硬会使他不能继续执行最近制订的跑步计划。

这是一个很好的例子，说明每周进行按摩之外采用主动软组织放松可以有效改善身体问题。对客户B的治疗是将软组织放松和按摩联合使用的成功案例。注意，由于主动软组织放松会削弱肌肉力量，要向客户解释清楚在跑步前不能做主动软组织放松的重要性。同样还要提醒他不可以在跑步结束后做深层主动软组织放松，因为跑步时可能有一些软组织受到了可以自愈的微型创伤，用网球状小球进行深层按压会加剧组织微创。作为替代办法，运动后可以对腘绳肌或小腿肌群做一般程度的主动软组织放松。

此后客户每周前来治疗1次，共持续4周。治疗流程完全一样。客户表示双腿的僵硬感都减弱了。此外还鼓励客户在运动后自己做拉伸，也向他提出了一些工作时的坐姿调整建议。尽管治疗后直腿抬高测试结果没有太大变化，不过踝关节背屈度显著加大，意味着小腿肌群的柔韧性得到了改善。

下面的两个案例——客户C和客户D，将为我们展示用软组织放松技术治疗扳机点的实际操作。

客户C

客户C的斜方肌上束和肩关节后部疼痛且关节活动度受限。

客户C就诊相关信息总结

■ 初始问题：这位客户在呼叫中心工作了3年多，常年坐在办公桌前，戴着耳机。在过去的12个月中，他开始出现颈部和肩部疼痛，最初他能够通过活动头部和肩部来减轻这种疼痛。然而，疼痛发作的频率和持续时间不断增加，而且越来越严重。疼痛最初是低水平的，可以被描述为不舒服，一般只持续几分钟，且直到一天结束才会出现，运动会减轻疼痛。但在咨询时，疼痛是强烈的，打字时间不超过一小时就开始疼痛，并且不能通过运动或伸展来缓解。客户曾尝试使用热敷，最初可以缓解症状，但现在效果不明显，他担心自己可能有严重的颈肩问题。

■ 病历：客户在10年前因道路交通事故而接受L4/L5椎体融合术，术后即使用升降桌，因为他保持坐姿或站姿超过30分钟就会引起腰痛。这名客户可以接受上身按摩，没有禁忌证。

■ 身体地图：治疗师在身体地图上用阴影标注出客户感到疼痛的地方。标注的疼痛区位于斜方肌上部，沿肩胛骨内侧缘向下直至肩背部。

■ 视觉模拟疼痛量表：该客户无法将其痛觉转化到视觉模拟疼痛量表上，因此未使用该表测量。

■ 姿势评估：该评估显示客户有明显的头部前倾姿势。观察客户的站姿和坐姿，在其站立姿势中未发现问题，但观察到客户坐在计算机前工作时，其显示器过高，显示器顶部未与眼睛齐平，导致客户会略后仰头部。

■ 关节活动度和其他特殊测试：进行了主动颈椎活动度测试，发现客户在屈曲或伸展颈椎时不受限制，只是两者都伴有感觉到肌肉性的剧烈疼痛，同时颈椎在左右侧屈时都会受到至少30%的限制。左右旋转范围正常，但伴有疼痛和牵拉感。左右两侧肩关节可以做到全范围活动，但是客户在屈曲头部（仰角超过90°）时，两侧的斜方肌上束疼痛。

■ 触诊：治疗师通过触诊发现在肩胛提肌中存在一个活跃的扳机点，它的存在加重了客户左右两侧肩部的疼痛，而且客户颅底有些压痛。

客户C的治疗计划

基于上述信息，为客户C设计了治疗计划（图9.11）。治疗的目的是：(1) 将工作时出现疼痛的时间从60分钟延长到60分钟以上；(2) 减轻疼痛的严重程度；(3) 减少客户在疼痛发作时疼痛的持续时长；(4) 减少疼痛发作的频率；(5) 改善颈部外侧活动范围，使旋转时疼痛减轻，牵拉感减轻。

客户D

客户D左臂疼痛，且疼痛蔓延至左手拇指和食指。

客户D就诊相关信息总结

■ 初始问题：这是一个肥胖的客户，她足不出户，没有工作，正在等待接受一次手术，而这个手术是其体重管理方案一部分。初次会诊是在一名当地医生的监督下进行；医生已经排除了左臂疼痛是心绞痛或心脏问题引起的，认为是肌肉引起的。于是医生建议其接受推拿按摩，这可能是一种解决办法。左臂疼痛使这位客户无法做钩针针织，而她对这个爱好充满热情。

■ 病历：客户的体重为27英石（171.46千克，378磅），她每天服用阿司匹林，而且她还因甲状腺功能减退而每日服用甲状腺素。

■ 身体地图：治疗师用一张放大的上肢图像，用阴影标注客户感到疼痛的区域。标记的疼痛区域主要在手臂的前部和后部，有时前臂有感觉，偶尔会出现右侧胸痛，但这样的情况极少。客户为左撇子。

■ 视觉模拟疼痛量表：客户表示疼痛的感觉像是灼烧感，视觉模拟疼痛量表上标注为6分（满分10分），但是在客户做钩针针织时，其疼痛感会上升到8～9分。

■ 姿势评估：这位客户是在她家里平常休息的椅子上进行评估的，这是一个特制的躺椅。椅子倾斜到与垂直方向成45°左右，这个角度迫使客户采取明显的颈部屈曲的姿势。

■ 关节活动度和其他特殊测试：由于客户不能端坐，颈部和肩部不能活动，治疗师对其双手手肘、腕和手指进行主动和被动活动范围检查。前臂旋后减少，左手腕疼痛；左手腕腕部和手指伸展充分，但伸展左手拇指时，客户表示感到肌肉紧张。

■ 触诊：治疗师通过触诊发现整个上肢前表面轻度压痛，无法触诊上肢后侧。触诊没有加重客户的症状，然而加重了左侧斜角肌的疼痛。

客户D的治疗计划

根据上述信息，为客户D设计了治疗计划（图9.12）。治疗的目的是减少客户左上肢疼痛的频率，并将视觉模拟疼痛量表上原来的6～9的疼痛强度降低。

结束语

至此，我们已经了解了问初始问题的重要性，还学到了各种评估方法，这些方法可帮助治疗师制订治疗计划。这些案例展示了可以利用软组织放松技术进行治疗的不同方案。作为治疗师，你能不能想到在自己的客户中，有没有谁的情况适合用软组织放松技术来进行治疗？希望本章能让治疗师想到一些可用来评估和帮助客户的好主意，并激发其探索更多评估和治疗方法的兴趣。

小问题

1. 在问初始问题时，不问客户"你哪里疼"，那应该问客户什么问题？

2. 如果客户身上不止一个地方需要治疗，你如何一目了然地标识出哪个地方是需要治疗的主要部位？

3. VAS代表什么？

4. 治疗计划中的主观信息能够告诉你哪方面的信息？

5. 治疗计划中的客观信息能够告诉你哪方面的信息？

初始问题

客户姓名：客户A　　日期：

1. 请问有什么需要我帮忙?

我想减轻疼痛感，希望按摩能帮上忙。

2. 你所说的不舒服是指哪里不舒服?

右腿膝关节疼。

3. 什么时候开始的?

最近做完膝关节置换手术之后，这边疼。

4. 是什么原因导致的?

前面说过了。

5. 你感觉是好转还是更严重了，或者与开始时完全一样?

慢慢在变好。

6. 有没有什么动作、姿势会加剧这种不适感?

进行物理治疗时，让膝关节做屈曲/伸展动作时不适感会加剧。

7. 有没有发现怎么做感觉会好一些?

不做物理治疗的时候！为了自我管理，我服用了止痛药；除了伤口部位，对整个膝关节都做了自我按摩；在无痛范围内做了固定处理。

8. 之前针对这个问题治疗过吗，效果怎么样?

没有，不过两年前左腿膝关节也做了置换手术，当时恢复得比这次快。

9. 以前有没有发生过这种情况?

没有。

10. 这个部位以前受过伤吗?

由于置换手术膝关节患上了严重的骨关节炎。

11. 可不可以具体描述一下你的不适感?

膝关节主动和被动活动时会疼（视觉模拟疼痛量表为7级），特别是屈曲时疼痛感更加明显；僵硬。

12. 这种不适对你的工作或业余生活有什么影响?

不能遛狗；日常活动都很不方便，包括走路/上下楼梯。

13. 还有没有其他你觉得应该告诉我的问题?

客户反映进行物理治疗的时候，感觉膝关节"火辣辣地疼"；锻炼结束后变成"疼痛"，这种疼痛感会持续数小时。

图9.6 客户A初始问题答案

病例

姓名：客户A	电话号码（住宅）：	电话号码（办公室）：
家庭住址：	手机号：	出生日期： 1936年5月

医生姓名/电话号码：

地址：

职务：学校厨师（已退休）	体重：70千克	身高：168厘米
当前用药：针对术后疼痛的止痛药	参考来源：无	
近期手术或内科疾病： 右腿膝关节完全置换手术	是否妊娠（女性）：	

循环系统疾病： （心脏病、肺水肿、高/低血压、血液循环不良）	高血压，未用药
循环系统疾病： （哮喘、支气管炎、花粉症）	无
皮肤病： （皮炎、湿疹、过敏、真菌感染）	无
肌肉或骨骼疾病： （纤维肌痛、早期骨折）	最近手术后右腿膝关节僵硬，肿胀，关节活动度下降
神经系统疾病： （坐骨神经痛、癫痫、偏头痛）	无
泌尿系统疾病： （膀胱炎、鹅口疮、肾脏疾病）	无
免疫系统疾病： （容易感冒、免疫功能低下）	无
妇科疾病： （经期前紧张症状、更年期、激素替代治疗、月经不调）	无
激素分泌异常： （糖尿病）	无
消化系统障碍： （消化不良、便秘、肠易激综合征）	无
应激或心理问题： （抑郁、焦虑、无端恐惧症、情绪波动）	无

赔偿声明：我确认，据我所知，我没有隐瞒任何与我的治疗相关的信息，我理解我即将接受的治疗，并愿意承担全部责任。我也同意，我已经提供了如表所示的正确信息，同时我知道，如果情况有变，应及时告知治疗师。

客户签名：_____

治疗师签名：_____ 日期：_____

图9.7 客户A病历

客户A评估

视觉模拟疼痛量表

无疼痛、
僵硬或不适

剧烈的疼痛、
僵硬或不适

身体地图

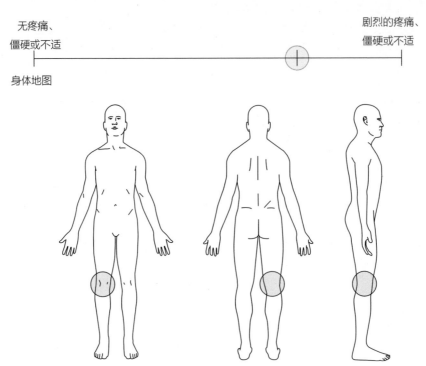

图9.8 客户A的视觉模拟疼痛量表评分与身体地图

治疗计划

客户姓名：客户 A   日期：   /   /

主要问题：膝关节置换手术后，右腿膝关节疼痛、僵硬。

特殊备注：同意理疗师的治疗方案；在完成增大膝关节活动范围的物理治疗后疼痛加剧。

治疗目标：根据物理治疗师的建议，帮助客户实现膝关节屈曲/伸展，先实现膝关节屈曲。

主观

客户同意治疗计划。

此时膝关节没有疼痛感。

此前视觉模拟疼痛量表评分较高（参见问诊部分）。

客观

右腿膝关节肿胀。

两条腿膝关节都有纵向疤痕。

坐姿测试时，膝关节主动和被动屈曲和伸展受限，仰卧和俯卧姿势测试时，膝关节做屈曲动作时局部疼痛最剧烈。

客户难以上治疗床或从治疗床上下来。

俯卧，由于膝关节疼痛屈曲受限，只能屈曲至 80°。

治疗

客户俯卧，被动缓慢屈曲膝关节然后伸展。

客户俯卧，隔着衣服对左腿腘绳肌做被动软组织放松约 2 分钟。

客户俯卧，隔着衣服对右腿腘绳肌做被动软组织放松约 4 分钟（最初膝关节前面会不舒服，因此在膝关节下面、靠近伤口上面的地方，垫一个长枕头然后继续放松）。

伸展膝关节时，一边摇晃大腿，一边继续拉伸 4 分钟。每次放松，膝关节屈曲度都被动增加 1°。

建议客户把腿抬高，稍事休息，促进淋巴引流，缓解肿胀。

评估

通过对客户左腿做示范动作，我取得了客户信任。

在膝关节下面放一个长枕头，架起伤口，使其不接触治疗床，这个办法很有效；做软组织放松时摇晃客户大腿，客户感觉很舒服。

膝关节被动屈曲的活动度增加了 5°。

客户发现膝关节屈曲度增加了这么多，对自己的恢复速度如此之快表示非常惊喜。客户呈仰卧姿势做膝关节伸展动作，感觉更加舒服。

计划

每天做 10 分钟以上的软组织放松。客户用上述姿势休息。客户应每天做物理治疗训练。

作为软组织放松的附属治疗手段，尝试运用技巧来锻炼股四头肌。

客户签名：_____

图9.9 客户 A 的治疗计划，以及客户就诊的主观症状和客观体征，治疗、评估和治疗计划相关信息

治疗计划

客户姓名：客户B   日期：　　　/　　　/

主要问题：小腿肌群和腘绳肌紧张。

特殊备注：客户想继续执行每周4次的跑步计划。

治疗目标：减少腘绳肌和小腿肌群的肌张力。

主观

客户完全同意治疗计划。

客观

双侧被动直腿上抬（SLR）受限（左腿70°，右腿65°）。双侧踝背屈受限。

肌肉紧张感视觉模拟疼痛量表（VAS）评分结果（参见问诊部分）。

左侧股二头肌触摸到较小肿块，该肿块无疼痛症状。

治疗

治疗前用软组织放松对双腿后侧进行基础热身按摩，每条腿按摩约5分钟。

客户俯卧，双脚伸出床尾，隔着毛巾对左右侧腘绳肌做主动–辅助软组织放松各5分钟，对小腿肌群做主动–辅助软组织放松各5分钟。此外，对下肢后侧做深层按摩（2分钟），然后隔着毛巾对小腿两侧做软组织放松3分钟。然后对小腿两侧再次分别按摩2分钟。

客户仰卧，分别按摩左右两侧的股四头肌和胫骨前肌约10分钟。

用硬质网球状小球锁定肌肉，向客户展示对腘绳肌和小腿肌群做主动软组织放松的操作步骤。

向客户解释运动前和运动后做主动软组织放松的注意事项和禁忌。

向客户展示运动后对腘绳肌和小腿肌群做主动软组织放松的做法。

评估

治疗后左腿被动直腿上抬（SLR）=75°，右腿被动直腿上抬（SLR）=75°。测试发现主动踝背屈增大。

客户双腿张力下降。

总体结果显示初步治疗有效缓解客户腘绳肌和小腿肌群的肌肉紧张。

计划

按照上述方法每周做一次按摩。

客户根据治疗师建议做主动软组织放松和拉伸。

客户在执行跑步计划的同时，考虑对双腿进行下肢整体保养/预防性按摩。

客户签名：＿＿＿＿＿＿＿＿＿＿＿＿＿＿＿＿＿＿＿＿＿＿＿＿＿＿＿＿＿＿＿＿＿

图9.10　客户B的治疗计划，以及客户就诊主观症状和客观体征，治疗、评估和治疗计划相关信息

治疗计划

客户姓名：客户C　　　　　　　　　　　日期：　　　　/　　　　/

主要问题：颈椎及双侧肩关节后部疼痛。

特殊备注：客户保持坐姿超过30分钟即会感到腰痛。

主观

客户完全同意治疗计划。

客观

左侧和右侧颈椎主动侧屈减少30%。

主动颈部旋转，左侧和右侧完全转动，但有牵拉痛。

主动颈椎屈曲和伸展充分，但伸展时疼痛。

在左肩胛提肌和右肩胛提肌发现活跃扳机点。

主动肩关节活动范围完全，双侧外展超过90°时，斜方肌上束有痛感。

治疗

客户坐在治疗室倾斜的按摩椅上，对其实施双肩和颈部后侧基本热身按摩，每侧约5分钟。

实施软组织放松技术治疗左侧和右侧肩胛提肌扳机点，并利用轻抚等按摩手法按摩20分钟。

站立时，要求客户主动伸展颈椎，以拉伸肩胛提肌。

建议客户重新调整显示器高度，并拉伸肩胛提肌。

评估

颈椎主动活动范围：侧向和旋转范围略有改善，但客户反馈疼痛和牵拉感大大减轻。肩关节主动活动范围：外展90°后出现不适，但不再疼痛。

总体上，初始治疗可有效减轻患者的疼痛感、颈椎肌肉牵拉痛和后肩疼痛。

计划

每周按要求实施两次治疗。

客户按治疗师建议练习肩胛提肌伸展。

客户调整工作时的站立姿势（下一次预约就诊时检查）。

教客户进行颈椎回缩练习。

客户签名：＿＿＿＿＿＿＿＿＿＿＿＿＿＿＿＿＿＿＿＿＿＿＿＿＿＿＿＿＿＿＿＿

图9.11　客户C的治疗计划，以及客户就诊主观症状和客观体征，治疗、评估和治疗计划相关信息

治疗计划

客户姓名：客户D   日期：   /   /

主要问题：左侧上肢疼痛。

特殊备注：客户肥胖，不能正常就座，需要治疗师到客户家里，在客户经常就座的椅子上进行诊治。

主观

客户的医生确诊客户的左侧上肢疼痛是源于肌肉问题。客户同意治疗计划。

客观

双手主动、被动活动肘、腕和手指。旋后减少，左手腕酸痛；左手腕和手指伸展充分，但左手拇指伸展时有紧张感。

治疗

客户坐在家中特制的椅子上。改变椅子的倾斜度，使客户坐得更端正直立，有利于治疗斜角肌，但注意，这个客户不可能坐得很端正。尝试用软组织放松技术治疗左侧斜角肌中的扳机点，但未成功，因为这导致客户感到恶心。向客户传授用主动软组织放松技术治疗斜角肌中扳机点的方法。建议客户尽可能保持直立位，并解释头部姿势和斜角肌牵涉痛，并向其教授手腕和指屈肌的主动拉伸方法。腕关节旋前肌、手腕、指屈肌被动拉伸10分钟后，需要用轻抚法放松左臂前侧和左前臂前、后侧10分钟。要求客户写日记，记录斜角肌扳机点的解除和症状。建议减少钩针编织的频率和时长，增加其他久坐活动。

评估

症状只在很小的程度上得到缓解，但是客户学习得很好。客户明白如何分辨斜角肌上的扳机点并且同意每周对这些扳机点采取治疗措施。

计划

每周对客户进行一次回访，以便检验软组织放松斜角肌和主动拉伸手腕和指屈肌的效果。

在治疗师的建议下，客户练习治疗斜角肌的扳机点。

在治疗师的建议下，客户练习手腕和指屈肌拉伸。

客户签名：_____

图9.12 客户D的治疗计划，以及客户就诊主观症状和客观体征，治疗、评估和治疗计划相关信息

小问题参考答案

第1章

1. 软组织放松技术针对肌张力较高的部位进行拉伸，而一般拉伸操作针对的是整块肌肉。
2. 可以用前臂、拳头、肘部或按摩工具。
3. 锁定肌肉时，从肌肉近端开始。
4. 赛前热身谨慎使用软组织放松技术，因为软组织放松技术会暂时减小肌肉的力量。
5. 软组织放松可以用于赛后恢复，不过要注意控制锁定的深度，因为赛后身体可能存在微创，而内啡肽水平上升会掩盖微创的痛觉，使人感觉不到微创问题。
6. 与扳机点有关的肌肉问题如下。
- 肌肉紧张、无力。
- 肌力下降。
- 肌肉疼痛。
7. 与扳机点有关的关节问题如下。
- 关节僵硬。
- 关节疼痛。

第2章

1. 例如，赛前和赛后做软组织放松都需要轻轻锁定，此时可以用手掌来锁定肌肉。
2. 下列3种客户不适合做软组织放松。
- 无法接受常规按摩的客户。
- 皮肤容易擦伤的客户。
- 关节活动度过大的客户。
3. 被动、主动-辅助和主动软组织放松。
4. 拉伸结束后，不应继续保持锁定；一旦组织被拉伸开，应立刻结束锁定。
5. 衡量软组织放松有效性有以下3种方法。
- 在治疗前和治疗后，要求客户对疼痛感给出反馈。
- 用视觉模拟疼痛量表打分。
- 进行动作测试，如直腿抬高测试或俯卧位膝关节弯曲测试。

第3章

1. 肌肉处于自然状态是指肌纤维既没有缩短也没有拉长。

2. 在被动软组织放松治疗中，由治疗师实施拉伸。

3. 拉伸肌肉时，应保持肌肉锁定。

4. 当锁定点移至肌肉远端时，客户感受到的拉伸感最强烈。

5. 结合按摩油按摩实施被动软组织放松时，应特别小心，因为对抹了按摩油的皮肤隔着毛巾进行锁定，其产生的锁定作用是极其牢固的。

第4章

1. 客户和治疗师共同参与主动–辅助软组织放松，治疗师负责锁定肌肉，客户负责移动身体并拉伸肌肉。

2. 主动–辅助软组织放松对于在接受治疗时难以放松身体的客户非常有效，喜欢参与治疗过程的客户也很适合用主动–辅助软组织放松。

3. 主动–辅助软组织放松用在关节固定后的康复训练效果非常好，因为这种软组织放松方式可以增加关节活动度，同时帮助恢复关节周围肌肉的强度。

4. 被动和主动–辅助软组织放松的最大不同点在于：被动软组织放松中，拉伸的肌肉处于放松状态；而主动–辅助软组织放松中，被拉伸的肌肉处于离心收缩状态。

5. 如果治疗师交替使用主动–辅助软组织放松和被动软组织放松，客户会感到困惑，因为这两种技术中，一种是要客户被动接受，另一种则需要客户主动参与。

第5章

1. 向心收缩待拉伸的肌肉以使肌肉变短。

2. 先收缩肌肉，再对肌肉予以锁定。

3. 第1个锁定点放在肌肉起点附近，然后朝远端移动。

4. 如果你的皮肤很容易擦伤，那么最好不要做软组织放松。因为实施软组织放松需要非常用力地锁定肌肉，可能会造成意外擦伤。

5. 第1次使用软组织放松时，对同一块肌肉做2 ~ 3次软组织放松即可。

第6章

1. 对菱形肌做被动软组织放松时，为了拉伸菱形肌，肩胛需要延长。因此，在治疗时，客户的手臂需要悬垂在治疗床一侧。

2. 为了分散锁定压力，可以隔着毛巾或面巾锁定软组织。

3. 主动–辅助软组织放松是一种安全的放松颈部的方式，因为拉伸动作由客户自己来做，客户会在无痛范围内拉伸自己的脖子。

4. 对斜方肌上束实施主动–辅助软组织放松时应避免按压到锁骨和肩峰等部位。

5. 一旦在客户的颈部处于伸展位时锁定了竖脊肌，客户应立即屈曲颈部，拉伸竖脊肌。

第7章

1. 被动拉伸腘绳肌时，注意不要在腘窝处锁定腘绳肌。

2. 足底屈肌非常强壮，被动背屈踝关节和拉伸足底屈肌时需要比较大的力气。用大腿锁定比用手锁定更加安全，不仅锁定力度大还能避免手受伤。

3. 对脚掌做主动软组织放松时不要站在球上，因为这么做非常危险。要坐在椅子上进行软组织放松。

4. 拉伸扁平足客户（脚踝外翻的客户）的腓骨肌时，他们的反应一般比其他客户更加强烈。

5. 对髂肌做软组织放松时，客户应该侧卧。

第8章

1. 在做完涉及肘关节伸展动作的运动之后对肱三头肌做软组织放松，拉伸感很强。

2. 客户俯卧，手臂垂在治疗床一侧。

3. 开始对腕伸肌做主动软组织放松时，应该伸展腕关节。

4. 对腕屈肌做主动–辅助软组织放松时，在肘部附近锁定腕屈肌。

5. 有一些活动，如打字、驾驶和打高尔夫球，需要屈曲手腕和手指。从事上述活动的人可以有效地从腕屈肌软组织放松的治疗中获得非常好的效果。

第9章

1. 不应该问"你哪里疼"这种问题，而应该问"你感觉怎么样"。

2. 如果客户不止一个身体部位存在问题，简单明了地标识出主要问题部位的办法就是拿一张身体地图，标上①、②、③等，其中①代表最重要或最主要的问题部位。

3. VAS代表视觉模拟疼痛量表。

4. 治疗计划中的主观信息可以表明客户说了什么、有怎样的主观感受。

5. 治疗计划中的客观信息记录的是治疗师从专业角度观察到的信息，包括通过身体地图、姿势评估、关节活动度测试、其他特殊测试及触诊发现的有用信息。

参考文献

第1章

American College of Sports Medicine. (2018) . ACSM issues new recommendations on quality and quantity of exercise.

Chaitow, L. (2000) . Modern neuromuscular techniques. London, England: Churchill Living– stone.

Davies, C. (2004) . The trigger point therapy workbook (2nd ed.) . Oakland, CA: New Harbinger.

Simons, D.G., Travell, J.G., & Simons, L.S. (1999) . Travell and Simons' myofascial pain and dysfunction: The trigger point manual. Vol 1: Upper half of body (2nd ed.) . Baltimore, MD: Lippincott Williams & Wilkins.

Stanton, T., Moseley, G., Wong, A., & Gregory, N. (2017) . Feeling stiffness in the back: A protective perceptual inference in chronic pain. Scientific Reports, 7 (1) : 9681.

第6章

Botha, D. (2017) . A comparison between ischemic compression and foam rolling in the treatment of active rhomboid trigger points. University of Johannesburg.

Cummings, M. (2003) . Myofascial pain from pectoralis major following trans–axillary surgery. Acupuncture in Medicine, 21 (3) : 105–107.

De Meulemeester, K., Castelein, B., Coppieters, I., Barbe, T., Cools, A., & Cagnie, B. (2017) . Comparing trigger point dry needling and manual pressure technique for the management of myofascial neck/shoulder pain: A randomized clinical trial. Journal of Manipulative and Physical Therapeutics, 40 (1) : 11–20.

Fernandes–de–las–Peñas, C., Layton, M., & Dommerholt, J. (2015) . Dry needling for the management of thoracic spine pain. Journal of Manual Manipulative Therapy, 23 (3) : 147–153.

Florencio, L., Giantomassi, M., Carvalho, G., Goncalves, M., Dach, F., Fernandez–de–las– Penas, C., & Bevilaqua– Grossi, D. (2015) . Generalized pressure pain hypersensitivity in the cervical muscles in women with migraine. Pain Medicine, 16: 1629–1634.

Johnson, J. (2012) . Postural assessment. Champaign, IL: Human Kinetics.

Lee, J., Hwang, S., Han, S., & Han, D. (2016) . Effects of stretching the scalene muscles on slow vital capacity. Journal of Physical Therapy Science, 28: 1825–1828.

Moraska, A., Schmiege, S., Mann, J., Butryn, N., & Krutsch, J. (2017) . Responsiveness of myofascial trigger points to single and multiple trigger point release massages. American Journal of Physical Medicine and Rehabilitation, 96: 639–645.

Robbins, M.S., Kuruvilla, D., Blumenfeld, A., Charleston, I.V., Sorrell, M., Robertson, C.E., . . . Ashkenazi, A. (2014) . Trigger point injections for headache disorders: Expert consensus methodology and narrative review. The Journal of Head and Face Pain, 54 (9) : 1441–1459.

Shin, J.K., Shin, J.C., Kim, W.S., Chang, W.H., & Lee, S.H. (2014) . Application of ultrasound guided trigger point injection for myofascial trigger points in the subscapularis and pectoralis muscles to post–mastectomy patients: A pilot study. Yonsei Medical Journal, 55（3）: 792–799.

Simons, D.G., Travell, J.G., & Simons, L.S.（1999）. Travell and Simons' myofascial pain and dysfunction: The trigger point manual. Vol 1: Upper half of body（2nd ed.）. Baltimore, MD: Lippincott Williams & Wilkins.

Taleb, W., Youssef, A., & Saleh, A.（2016）. The effectiveness of manual versus algometer pressure release techniques for treating active myofascial trigger points of the upper trapezius. Journal of Bodywork and Movement Therapies, 20: 863–869.

Tewari, S., Madabushi, M., Agarwal, A., Gautam, S., & Khuba S.（2017）. Chronic pain in a patient with Ehlers–Danlos syndrome（hypermobility type）: The role of myofascial trigger point injections. Journal of Bodywork and Movement Therapies, 21: 194–196.

第7章

Espí–López, G., Serra–Año, P., Vicent–Ferrando, J., Sanchez–Moreno–Giner, M., Arias–Buria, J., Cleland, J., & Fernández–de–las–Peñas, C.（2017）. Effectiveness of inclusion of dry needling in a multimodal therapy program for patellofemoral pain: A randomized parallel–group trial. Journal of Orthopaedic and Sport and Physical Therapy, 47（6）: 392–401.

Ferguson, L.（2014）. Adult idiopathic scoliosis: The tethered spine. Journal of Bodywork and Movement Therapies, 18: 99–111.

Grieve, R., Barnett, S., Coghill, N., & Cramp, F.（2013）. Myofascial trigger point therapy for triceps surae dysfunction: A case series. Manual Therapy, 18（6）: 519–525.

Grieve, R., Cranston, A., Henderson, A., John, R., Malone, G., & Mayall, C.（2013）. The immediate effect of triceps surae myofascial trigger point therapy on restricted active ankle joint dorsiflexion in recreational runners: A crossover randomised controlled trial. Journal of Bodywork and Movement Therapies, 17: 453–461.

Huguenin, L., Brukner, P., McCrory, P., Smith, P., Wajswelner, H., & Bennell, K.（2005）. Effect of dry needling of gluteal muscles on straight leg raise: A randomised, placebo controlled, double blind trial. British Journal of Sports Medicine, 39: 84–90.

Oh, S., Kim, M., Lee, M., Lee, D., Kim, T., & Yoon B.（2016）. Self–management of myofascial trigger point release by using an inflatable ball among elderly patients with chronic low back pain: A case series. Annals of Yoga and Physical Therapy, 1（3）: 1013.

Patel, D., Vyas, N., & Sheth, M.（2016）. Immediate effect of application of bilateral self myofascial release on the plantar surface of the foot on hamstring and lumbar spine flexibility: A quasi experimental study. International Journal of Therapeutic Applications, 32: 94–99.

Pavkovich, R.（2015）. The use of dry needling for a subject with chronic lateral hip and thigh pain: A case report. International Journal of Sports Physical Therapy, 10（2）: 246–255.

Renan–Ordine, R., Alburquerque–Sendin, F., de Souza, D., Cleland, J., & Fernandes–de–las– Peñas, C.（2011）. Effectiveness of myofascial trigger point manual therapy combined with a self–stretching protocol for the management of plantar heel pain: A randomized controlled trial. Journal of Orthopaedic and Sports Physical Therapy, 41（2）: 43–50.

Rossi, A., Blaustein, S., Brown, J., Dieffenderfer, K., Ervine, E., Griffin, S., Firierson, E., Geist, K., & Johanson, M.（2017）. Spinal peripheral dry needling versus peripheral dry needling alone among individuals with a history of ankle sprain: A randomized controlled trial. International Journal of Sports Physical Therapy, 12（7）: 1034–1047.

Trampas, A., Kitsios, A., Sykaras, E., Symeonidis, S., & Lararous, L.（2010）. Clinical massage and modified proprioceptive neuromuscular facilitation stretching in males with latent myofascial trigger points. Physical Therapy in Sport, 11（3）: 91–98.

第8章

González–Iglesias, J., Cleland, J.A., del Rosario Gutierrez–Vega, M., & Fernández–de–las– Peñas, C.（2011）. Multimodal management of lateral epicondylalgia in rock climbers: A prospective case series. Journal of Manipulative and Physiological Therapeutics, 34（9）: 635–642.

Hidalgo–Lozano, A., Fernández–de–las–Peñas, C., Alonso–Blanco, C., Ge, H.–Y., Arendt– Nielsen, L., & Arroyo–Morales, L.（2010）. Muscle trigger points and pressure pain hyperalgesia in the shoulder muscles in patients with unilateral shoulder impingement: A blinded, controlled study. Experimental Brain Research, 202: 915–925.

Nielsen, A.（1981）. Case study: Myofascial pain of the posterior shoulder relieved by spray and stretch. Journal of Orthopaedic and Sports Physical Therapy, 3（1）: 21–26.

Simons, D.G., Travell J.G., & Simons L.S.（1999）. Travell and Simons' myofascial pain and dysfunction: The trigger point manual. Vol 1: Upper half of body（2nd ed.）. Baltimore, MD: Lippincott Williams & Wilkins.

第9章

Gift, A.（1989）. Visual analogue scales: Measurement of subjective phenomena. Nursing Research, 38（5）: 286–287.

Hawker, G., Mian, S., Kendzerska, T., & French, M.（2011）. Measures of adult pain. Arthritis Care and Research, 63（Suppl 11）: S240–S252.

Johnson, J.（2012）. Postural assessment. Champaign, IL: Human Kinetics.

Kahn, M.（2008）. Etiquette–based medicine. The New England Journal of Medicine, 358（19）:
1988–1989.

Kendall, F.P., McCreary, E.K., Provance, P.G., Rodgers, M.M., & Romani, W.A.（2005）. Muscles: Testing and function with posture and pain（5th ed.）. Baltimore, MD: Lippincott Williams & Wilkins.

Melzack, R.（1975）. The McGill Pain Questionnaire: Major properties and scoring methods. Pain, 1（3）: 277–299.

Rosenzveig, A., Kuspinar, A., Daskalopoulou, S., & Mayo, N.（2014）. Toward patient–centered care: A systematic review of how to ask questions that matter to patients. Medicine, 93（22）: 1–10.

作者简介

简·约翰逊（Jane Johnson），硕士，注册物理治疗师和运动按摩治疗师。约翰逊在软组织放松技术领域有多年的实践经验，并且有扎实的解剖学基础。基于扎实的解剖学基础，约翰逊以通俗易懂的方式阐明了软组织放松的作用与原理。她接触过的客户很多，包括运动员、健身爱好者、办公室工作人员和老年人。丰富的从业经历使约瀚逊能够针对不同类型的客户采用不同的软组织放松技术来进行治疗，同时她还将自己在治疗过程中积累的很多小窍门分享给了读者。

约翰逊在英国和其他国家开办了专业发展继续教育培训班。这段经历使她接触了数千名各种学科的治疗师，并与他们分享自己的实践经验。她热情帮助新获取资格的或对自己的治疗技术不那么自信的治疗师，她的支持和鼓励使这些治疗师在工作中更加自信。此外，她经常在治疗师的会议和展览上介绍软组织放松技术。

约翰逊是英国注册物理治疗师协会的成员，并在健康与保健专业理事会注册。作为物理治疗师医学法律协会的成员，她为涉及软组织治疗的案例提供专家证人报告。

译者简介

韩艺玲

毕业于北京体育大学运动康复系，卫生部认证康复治疗师，工作近10年；曾为国家队及省队一线运动员、特战部队人员提供康复服务；多次向国家队、省运动队、军队、军事院校及三甲医院康复科等机构人员授课；第十三届全运会广东重竞技外聘康复专家，首都体育学院体育教育训练学院外聘讲师，徐州空军勤务学院军事基础训练外聘讲师，得到APP专栏特约康复师；获得美国Thomas Myers & Todd Gacia大体解剖认证，澳洲Manual Concepts脊柱手法全系列认证，

美国ATSI解剖列车结构整合Session II认证，意大利FM筋膜手法治疗Level One认证，DNS动态神经肌肉稳定技术Level C认证，美国FR功能幅度释放手法认证，FMS、SFMA和FCS高级认证，美国VSP高级体能教练认证，澳大利亚体能教练认证；擅长方向为慢性疼痛，运动损伤，术后康复和体能训练。

张霖汐

国家体育总局训练局体能康复中心主管治疗师，为13支国家队重点运动员进行临床康复和理疗服务；北京康复医学会运动伤病专业委员会委员；中国篮球协会科研、医疗与反兴奋剂委员会委员；中国篮球协会国家队医疗保障小组专家成员、中国女子篮球队康复顾问；中国医学救援协会运动伤害分会理事；中国医药教育协会肩肘运动医学专业委员会康复分会委员；国家体育总局青少年体育司全国教练员通识知识更新轮训班运动伤病防治讲师；中国篮球协会队医培训班讲师；参与编写《骨科暨运动伤害检查学》一书。